시간의 선물

손뜨개 수세미

somssi

뜨개를 할 때마다 생각을 합니다.
뜨개는, 시간의 선물이라고.

좋은 사람들을 위해
때로는 오롯이 나를 위해
혹은 조금 더 기분 좋은 일상을 위해
반들거리는 뜨개실에
나의 손짓과 마음과 시간을 함께 엮습니다.

생각해보면,
이 뜨개실이 나의 손가락에 안기기까지
누군가 밤을 지새워 고민했던 시간과
누군가 이 오묘한 색과 결을 만들었던 시간과
그 후의 복잡다단한 공정의 시간까지
우주처럼 넓고 깊게 섞여 있네요.

수세미는 선물하기 참 좋지요.
그래서 더 뜨는 재미가 있지요.
수세미를 떠서
누군가에게 선물하는 일은
마음을 전하는 일이고
행복을 나누는 일이고
한 코 한 코 촘촘하게 엮은
나의 시간을 한 조각 떼어주는
참 애틋한 일입니다.

뜨개는,
실을 만드는 사람과
손으로 엮는 사람과
그것을 만끽하는 사람이
함께 완성하는
기분 좋은 연주곡이에요.
같은 악보라도 연주자에 따라
각기 다른 곡이 만들어집니다.

반짝반짝 수세미실과
기분 좋은 영감과
오늘의 시간을 엮어 만드는
우리들의 행복한 악보를 공개합니다.

니터를 생각하며
문화를 만들어갑니다

연일섬유는 올해로 30년째 니터분들을 위한 뜨개실을 개발하고 생산해오고 있습니다.
지난 30년간 한 해도 잊지 않고 가장 중요하게 생각해왔고
저희 스스로에게 매번 강조해온 것이 있습니다.
그것은 바로 '니터의 존재가 곧 저희가 존재하는 이유'라는 사실입니다.
입버릇처럼 말하는 '항상 니터를 먼저 생각한다'라는 슬로건은
연일섬유의 존재 이유이자 제품을 개발하고 만들 때마다
항상 지키고자 하는 경영철학으로 깊이 뿌리 내렸습니다.

이러한 경영철학과 다년간의 경험 속에서 연일섬유는
니터들과 더욱 가까워지고 함께하는 방법을 찾아 나섰고,
2017년, '연일 디자이너스 프로'라는
자체적인 창작 디자이너 그룹을 발족하고 운영하기 시작했습니다.
이를 계기로 니터들의 확실한 니즈와 생생한 생각을
가까이에서 들을 수 있는 기회가 늘어났고
전보다 '니터들이 원하는' 그리고 '니터들을 위하는' 제품을
더 많이 개발하고 생산할 수 있었습니다.

연일섬유는 점점 더 궁금해지기 시작했습니다.
니터들이 바라보는 세상, 그들이 꿈꾸고 있는 미래가 무엇인지,
그것이 어떠한 모습일지 말입니다.
그리고 이러한 궁금증을 함께 해소해나가고자,
뜨개 작가들이 '손뜨개라는 창을 통해
그 세상에 한 발 더 가까이 다가서는 일'에 동참하기로 했습니다.

'연일 디자이너스 프로' 프로젝트를 계기로,
연일섬유가 전 세계에서 가장 먼저 개발하고 생산한 대표 제품이자
대중적으로 가장 많은 사랑을 받고 있는 수세미실 제품들을 기반으로 한
크로셰북을 만들기 시작했습니다.
아주 오랜 기간 다수의 작가분들이 참여하여 수없이 많은 뜨개 작품이 탄생했고,

그중에서 엄선한 결과물들을 책으로 기록하는 작업을 진행하고 있습니다.
이번에 새롭게 선보이는 〈시간의 선물〉 역시 그 기록 중 하나입니다.

이 책이 완성되기까지 모든 과정을 곁에서 지켜보며
창작의 수고로움을 감내하고 자신들의 소중한 시간을 기꺼이 내어주신 작가분들께
저희는 이 자리를 빌려 진심으로 존경과 감사의 말씀을 전하고자 합니다.

'기업이 만들면 니터가 작품으로 소비하는 시대'를 지나
이제 '니터가 희망하면 기업이 구현해내는 시대'가 되었습니다.
〈시간의 선물〉은 그러한 시대적 흐름을 오롯이 담은 책이라고 말씀드릴 수 있습니다.
책 속의 작품들은 뜨개를 사랑하는 우리 모두에게 새로운 영감을 선사할 것입니다.

연일섬유는 앞으로도 디자이너들의 창작활동을 지원하고
니터와 함께 뜨개 문화를 만들어가는
다양한 프로젝트를 시도할 것을 약속드립니다.

자, 그럼 이제 함께 니팅할 시간입니다!

- 現 연일섬유 총괄팀장 연규중

목차

니터를 생각하며 문화를 만들어갑니다　10　│　이 책에 사용한 뜨개실을 소개합니다　14　　HOW TO MAKE Ⓗ
일러두기　102

01
행복한 시간을 꿈꾸게 하는 선물 세트
designed by 기미룡

프레젠트 포 유	18 │ Ⓗ 109		자스민 하트백	24 │ Ⓗ 108
스프링백	19 │ Ⓗ 103		체크 수세미	25 │ Ⓗ 107
과일 샤워 글로브	20 │ Ⓗ 104		데이지 샤워 글로브	26 │ Ⓗ 112
자스민 휴지 케이스	22 │ Ⓗ 105		니트 수세미	27 │ Ⓗ 110
튤립 수세미	23 │ Ⓗ 106		바지 수세미	27 │ Ⓗ 111

Designer's Story　모든 뜨개에는 그것만 이야기가 있죠　28

02
작고 귀엽고 사랑스러운 행복
designed by 지혜로운사자

삐에로 수세미	32 │ Ⓗ 114		리본 카드지갑	37 │ Ⓗ 119
곰돌이 샤워볼	33 │ Ⓗ 115		플라워 포인트 액자	38 │ Ⓗ 120
꿀벌 주머니	34 │ Ⓗ 116		리본 수세미	39 │ Ⓗ 121
바둑이 핸드타월	35 │ Ⓗ 117		꽃받침 수세미	40 │ Ⓗ 122
힘내요 수세미	36 │ Ⓗ 118		하트 크로스백	41 │ Ⓗ 123

Designer's Story　뜨개 작품을 보면 그 순간이 보여요　42

03
동화를 읽듯이 속삭이듯이
designed by 코핸니트

헹굼용 계란 프라이 수세미	46 │ Ⓗ 124		미니 달걀 바구니	51 │ Ⓗ 129
헹굼용 식빵 수세미	46 │ Ⓗ 125		루돌프 세안밴드	52 │ Ⓗ 130
플라워 원형 휴지 케이스	48 │ Ⓗ 126		곰돌이 세안밴드	53 │ Ⓗ 131
튤립 미니 가방	49 │ Ⓗ 127		병아리 세안밴드	54 │ Ⓗ 132
선인장 병솔 수세미	50 │ Ⓗ 128		개구리 세안밴드	55 │ Ⓗ 133

Designer's Story　작지만 큰 행복, 쉽지 않지만 어렵지도 않은 것　56

04
나만의 작고 귀여운 힐링 타임
designed by 소냐티

넓은 들판꽃	60	H 139
하얀 하늘꽃	61	H 137
포근 구름별꽃	62	H 138
웨딩 부케 수세미	64	H 141
요정 드레스	65	H 136
웰라인 드레스	65	H 135
리본 자수 수세미	66	H 134
나비 꽃 수세미	67	H 140
물고기 샤워 글로브	68	H 142
수채화 릴리	69	H 143

Designer's Story 손확행, 손으로 만들어내는 확실한 행복 70

05
쉽고 간단하지만 스미듯이 기억되기
designed by 빛나

청어 수세미	74	H 150
뭉게구름(단면)	75	H 152
뭉게구름(호빵)	75	H 153
파스텔 알파카	76	H 145
추억의 눈깔사탕	78	H 148
뽀글뽀글 고슴도치	79	H 149
러플 플라워(호빵)	80	H 146
러플 플라워(단면)	81	H 147
컬러풀 나비	82	H 144
해피 하트 바스타월 & 헤어밴드	83	H 151

Designer's Story 뜨개는 일상이기도, 일탈이기도 84

06
뜨개로 만들어가는 나만의 정원
designed by 림이그림

꽃잎 리스	88	H 154
러플러플라워	89	H 155
행잉 플랜트 Ver. 쥐꼬리 선인장	90	H 156
솔잎 리스	91	H 157
창가의 라벤더	92	H 158
레트로 튤립	93	H 159
공작 행잉	94	H 163
빈티지 앤티크 액자	95	H 161
민들레 비누 받침	96	H 160
러브레터	97	H 162

Designer's Story 관심과 사랑을 담뿍 담아야 하는 뜨개 가드닝 98

이 책에 사용한 뜨개실을 소개합니다

웰빙수세미(1세대 수세미실) / 총 94색
세계 최초! 수세미실 하면 떠오르는 바로 그 실!

2007년, 연일섬유가 세계 최초로 개발하여 정식 제품화된 폴리 100% 수세미실입니다. 수세미실의 가장 기본적인 형태를 다지고, 국내 팬시얀 카테고리를 대중화하는 데 가장 큰 기여를 한 제품이랍니다. 현재까지 100여 종이 넘는 색상이 출시되었으며 국내외 프로 뜨개 디자이너들이 가장 많이 사용하는 수세미실입니다.

웰빙샤워세미(구 웰빙파트너) / 총 34색
또 다시 세계 최초! 특허 등록!

2021년, 포화 상태의 폴리 수세미실 시장의 한계를 극복하고 털 날림 등의 문제를 해결하기 위해 연일섬유가 또 다시 세계 최초로 독자적으로 개발한 2세대 다목적 수세미실입니다. 자체 개발 공법인 엘라웹™ Elaweb™ 공법을 통해 촘촘하게 직조한 이 제품은 샤워타월, 수세미, 머리핀, 가방 등 폭넓게 활용할 수 있어 무궁무진한 디자인이 가능합니다 (특허등록번호 제30-1127977호).

웰빙크림수세미 / 총 24색
클리어한 감성의 아이스크림 컬러 수세미실!

2019년 세계적 패션 하우스들의 트렌드로 떠오른 아이스크림 컬러에 착안하여 개발된 수세미실입니다. 뉴트로New+Retro의 영향으로 전 세계적으로 큰 인기를 끈 아이스크림 컬러를 니터들의 니즈를 적극 반영하여 '클리어한 감성의 아이스크림 컬러'로 구현했습니다. 원사의 굵기나 특징은 기존 '웰빙수세미'와 완전히 동일하여 함께 사용할 수 있어 활용하기 좋습니다.

웰빙컬러풀수세미 / 총 8색
전 세계에서 오직 하나뿐인 컬러 믹스 수세미실!

2019년 '색상 특화' 수세미실로 '웰빙크림수세미'와 함께 개발된 믹스(나염) 수세미실입니다. 색 조합과 디자인에 자체 프로 니트 디자인팀인 '연일 디자이너스 프로'의 소냐티 작가와 지혜로운사자 작가가 직접 참여했습니다. 독자적인 색상 구현을 위해 국내 유일의 나염 전문 염색 공장과 독점 계약하여 생산하고 있습니다. 간단한 니팅으로도 풍성한 색감과 디자인적 완성도를 맛볼 수 있으며 조금 더 폭넓은 디자인을 위한 재료로 유용합니다.

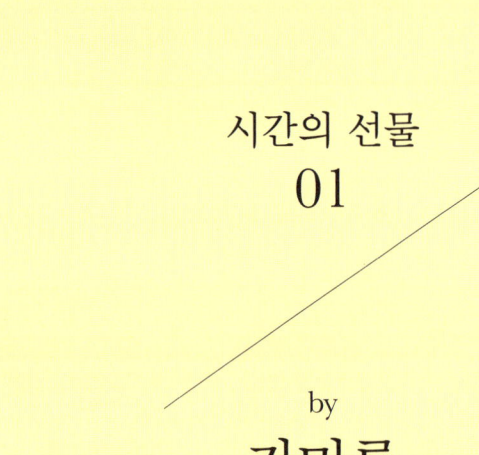

시간의 선물
01

by

기미룡

행복한 시간을 꿈꾸게 하는 선물 세트

프레젠트 포 유

곱게 포장한 선물을 주고 받을 때, 그 설레는 그 마음을 담은 수세미입니다.

How to make p.109

스프링백

완연한 봄, 새싹들을 보고 있자니
개나리를 닮은 노오란 색 가방을 만들고 싶었어요.
저 도톰한 꽃망울이 피어나면 얼마나 아름다울까요?

How to make p.103

과일 샤워 글로브

자몽, 오렌지, 레몬, 라임과 같은 동글동글 과일류를 좋아해요.
달콤상큼한 샤워를 즐겨보세요.

How to make p.104

자스민 휴지 케이스

두루마리 휴지에게 포근한 집이 생겼습니다.
사랑스러운 별도 콕콕 담아주었어요.

How to make p.105

튤립 수세미

길을 걷다 문득 눈에 들어온 튤립이 너무 예뻐서
수세미에 저장해봅니다.

How to make p.106

자스민 하트백

새로운 디자인을 고민하다 하트만 그리고 있는 나를 발견.
그래, 이번엔 하트 모양 가방이다!

How to make p.108

체크 수세미

체크 모양의 쿠키를 먹다가 생각한 디자인!
체크 배색을 보고 있자면 쿠키가 먹고 싶어져요.

How to make p.107

데이지 샤워 글로브

귀여운 샤워 글로브로 샤워 시간을 즐겁게!

How to make p.112

니트 & 바지 수세미

손에 끼워 장난감처럼 놀 수도 있고,
인형에게 옷처럼 입힐 수도 있는 수세미예요.

How to make p.110·111

Designer's STORY

모든 뜨개에는
그것만의 이야기가 있죠

기미룡 / 김희령 작가　　블로그 blog.naver.com/blueboaaa　　인스타그램 @made_by._.r

─────── 뜨개는 어릴 때 방학숙제로 목도리를 떠본 게 전부였어요.
성인이 되고 나서 잊고 지내다가, 어느 날 회사 동료가 코바늘 뜨개를 하는 걸 보고 관심을 갖게 되었어요. 마침 '연일 메탈릭 M 공모전'이 개최 중인 걸 알게 되어 그때부터 본격적으로 뜨개에 발을 들이게 되었어요. 의도했던 것은 아닌데, 우연처럼 그렇게 빠져들었네요. 인연인 것들이 대개 다 그러하듯이요.

─────── 온전히 나만의 시간을 가질 수 있어요. 뜨개를 할 땐. 어디에서든.
한 코 한 코 떠나가다 보면 어느새 스트레스를 내려놓고 차분해진 나 자신만이 남아 있는 걸 발견하곤 해요. 뜨개를 하다 문득 '내가 이렇게 집중력이 높았던가?' 하고 생각한 적이 있었어요. 오롯이 몰두한 시간만큼 결과물이 나온다는 것도 또 하나의 매력이고요.

─────── 수세미는 누구랑도 잘 어울리는 성격 좋은 친구 같아요.
일상에 요모조모 두루 쓰이기 때문에 선물하기 좋죠. 취향을 크게 타지 않는다고 해야 할까요? 그리고 손안에 들어오는 앙증맞은 사이즈로 단시간 내에 완성할 수 있어서 쉽게 성취감을 맛볼 수도 있고요. 무언가 만들어냈다는 성취감을 맛보지 못하면 초보들은 뜨개를 계속하기 힘들거든요.

─────── 뜨개로 나를, 내 취향을 표현해요.
〈시간의 선물〉에는 저만의 취향을 가득 담아 귀엽고 앙증맞은 디자인의 소품들을 수록했어요. 제 다섯 조카들(동환, 다인, 다영, 다혜, 다율)에게 선물한다는 생각으로, 아이들도 즐겁게 갖고 놀 만한, 놀잇감으로도 활용할 수 있도록 흥미로운 디자인을 구현하려고 했어요. 또, 웰빙샤워세미의 매력을 다양한 각도에서 선보이고 싶어서 최대한 다양한 색상을 사용하고자 했고요.

─────── 모든 뜨개에는 그것만의 이야기가 있죠.
어느 작품 하나 쉽게 만들어진 게 없고, 모두 여러 우여곡절 끝에 만들어진 작품이다 보니 안 아픈 손가락이 없는데요. 그중 굳이, 꼭 하나를 꼽자면 '과일 샤워 글로브'에 가장 애착이 가요. 저는 3가지 기본 배색을 보여드렸는데, 색 감각이 뛰어난 또 다른 니터분들이 어떤 조합으로 선보여주실지 너무 기대가 돼요.
'자스민 하트백'도 꼭 떠보세요. 실물이 진짜 귀엽거든요. 정말 너무너무 귀여워서 뜨개를 하는 분들도, 뜨개를 모르는 분들도 한 번 보고 다시 돌아보게 될 거라 장담하는 작품입니다. 자스민 뜨기가 처음이신 분들은 새로운 스킬을 배울 수 있어서 즐거우실 거고, 이미 자스민 뜨기에 익숙하신 분들은 금세 뜰 수 있어 만족감이 크실 거예요.

─────── 뜨개실과의 스킨십, 그 감촉, 우리끼리만 아는 그거.
〈시간의 선물〉 속 제 작품은 모두 웰빙샤워세미를 사용했어요. 그만큼 당연하게도 웰빙샤워세미를 강력 추천해요! 연일섬유에서 오랜 기간 고민하고 연구해서 새로운 공법(엘라웹)을 도입해 만들어낸 실인 만큼 웰빙샤워세미를 처음 만났을 때 그 감촉, 그리고 느꼈던 신기했던 감정은 잊을 수가 없어요. 기존의 수세미실보다 두껍기 때문에 단시간 만에 뚝딱뚝딱 작품을 완성해가는 즐거움이 있고, 수세미뿐 아니라 네트백, 크로스백을 만들기에도 활용도가 높답니다.
저는 가방과 소품류 위주로 작품을 만들어요. 앞으로도 이런 작품을 다양하게 선보일 수 있는 기회가 있으면 좋겠어요. 아무래도 웰빙샤워세미가 기존의 수세미실보다는 굵다 보니 실을 보면 자꾸만 만들고 싶은 게 떠올라요. 생각처럼 뚝딱뚝딱 마음에 드는 작품이 나오지 않는 건 아쉽지만요!

시간의 선물
02

by
지혜로운사자

작고 귀엽고 사랑스러운 행복

SO CUTE SO LOVELY SO HAPPY

삐에로 수세미

늘 웃고 있는 귀여운 삐에로와 함께라면 설거지도 즐거워질 거예요.

How to make p.114

곰돌이 샤워볼

풍성한 거품이 만들어지는 샤워볼입니다.
거품에 파묻힌 듯한 곰돌이가 너무 귀엽지요?

How to make p.115

꿀벌 주머니

꿀벌이 꿀을 모으듯 작은 주머니에 비누나 방향제를 담아봐요.

How to make p.116

바둑이 핸드타월

귀여운 바둑이 모티브로 핸드타월을 만들었어요.
샤워 시간이 좀 더 사랑스러워질 것 같아요.

How to make p.117

힘내요 수세미

곁에서 활기차게 웃으며 우리를 응원해줄 몬스터 친구를 만들어봤어요.

How to make p.118

리본 카드지갑

왕리본으로 포인트를 준 사랑스러운 카드지갑입니다.

How to make p.119

플라워 포인트 액자

꽃잎이 섬세하게 피어나는 인테리어 액자로
공간에 사랑스러움을 더해보세요.

How to make p.120

리본 수세미

수세미로도 샤워타월 등으로도 활용할 수 있어요.

How to make p.121

꽃받침 수세미

청순하고 단정한 수세미예요. 설거지바나 비누를 올려둘 수도 있어요.

How to make p.122

하트 크로스백

입체 하트 모양이 사랑스러운 크로스백이에요.
작은 소품을 넣어 다니기에 딱!

How to make p.123

Designer's STORY

뜨개 작품을 보면
그 순간이 보여요

지혜로운사자 / 강귀옥 작가　　　블로그 blog.naver.com/rldhrl23　　　인스타그램 @knit.andstep

──────── **돌아보면 늘 곁에 있는 오랜 친구. 제게 뜨개는 그래요.**
어릴 때부터 엄마가 뜨개로 옷, 인형, 목도리 등을 만들어주셨어요. 그래서 저도 초등학교 고학년때부터 작은 조각에 가까운 인형 옷을 만들며 뜨개를 시작했어요. 그렇게 늘 뜨개와 가깝게 지냈는데요. 사회 생활을 하며 뜨개로 아프리카 아이들을 도울 수 있는 봉사 활동이 있다는 것을 알게 되면서 본격적으로 시작하게 됐어요.

──────── **뜨개 작품을 보면, 그 순간이 보여요.**
저는 많은 자원들 중 시간을 가장 소중하게 생각하는 편인데요. 뜨개 작품 하나를 만들기 위해 작품 구상, 실 선택, 뜨는 시간까지 정말 많은 시간이 들어가거든요. 그 모든 시간의 순간들이 작품 안에 오롯이 들어 있다는 점이, 제가 느끼는 뜨개의 가장 큰 매력이 아닐까 싶어요.

──────── **멈출 수가 없지만, 괜찮아요. 행복하니까.**
수세미는 실생활에 가장 활용도 높은 뜨개 소품 중 하나죠. 저는 아침부터 저녁까지 가족들을 위해 주방에서 보내는 시간이 무척 많은데 그 공간에 제가 직접 만든 수세미가 포인트가 되어줘요. 즐겁게 설거지를 할 수 있다는 점도 좋고요. 그게 제가 계속해서 수세미를 뜨는 이유 같아요.

──────── **작품에 실의 맛, 결, 감을 담고 싶었어요.**
〈시간의 선물〉에는 새롭게 출시된 웰빙샤워세미 특유의 사랑스러움을 작품에 담고 싶었어요. 그리고 평소 귀여운 소품들을 무척 좋아하는 편이라 귀여움이 담긴 캐릭터 작품들도 다양하게 도전해봤습니다. 그중에서 '바둑이 핸드타월'에 가장 애착이 가요. 팔랑거리는 귀와 바둑이의 무늬가 잘 표현돼서 평소 제가 좋아하는 귀여움이 가장 잘 표현된 작품이거든요. '플라워 포인트 액자'는 꼭 한번 만들어보기를 권하고 싶어요. 뜨개 소품 하나로 공간에 포인트를 줄 수 있거든요. 색상에 따라 여러 느낌을 표현할 수 있으니 여러 색을 떠서 인테리어 디자인 액자로 활용해보셔도 좋을 것 같아요.

──────── **표현하고자 하는 느낌 따라 실을 고르죠.**
〈시간의 선물〉 속 작품을 만드는 데 사용한 실 중에서 가장 애정하는 실은 웰빙샤워세미와 웰빙크림수세미예요. 사실 저는 연일섬유의 수세미실을 모두 애정하고, 표현하고자 하는 느낌에 따라 그때그때 다른 실을 선정해 사용하고 있기 때문에 좋아하는 실을 딱 특정하기 어려워요. 그래도 평소 사랑스러운 느낌과 파스텔톤의 연한 색상을 많이 쓰는 편이라 이번 도안집에는 이 두 가지 실을 특히 신경 써서 골라봤답니다.

──────── **쉽게 뜰 수 있고, 뜨고난 뒤 시간이 아깝지 않은 작품들을 뜨고 싶어요.**
거창하지 않더라도 괜히 마음이 가서 한 번이라도 더 보게 되는 그런 작품이요. 이번 도안집의 모토였던 '시간의 선물' 같은 작품들을 앞으로 만들고 싶습니다. 연일 디자이너스 프로 활동을 하면서 참 즐거운 일들이 많았는데요. 특히 이 책, 〈시간의 선물〉을 작업하면서, 저 역시 순간순간을 기록할 수 있는 선물 같은 시간을 보냈습니다.

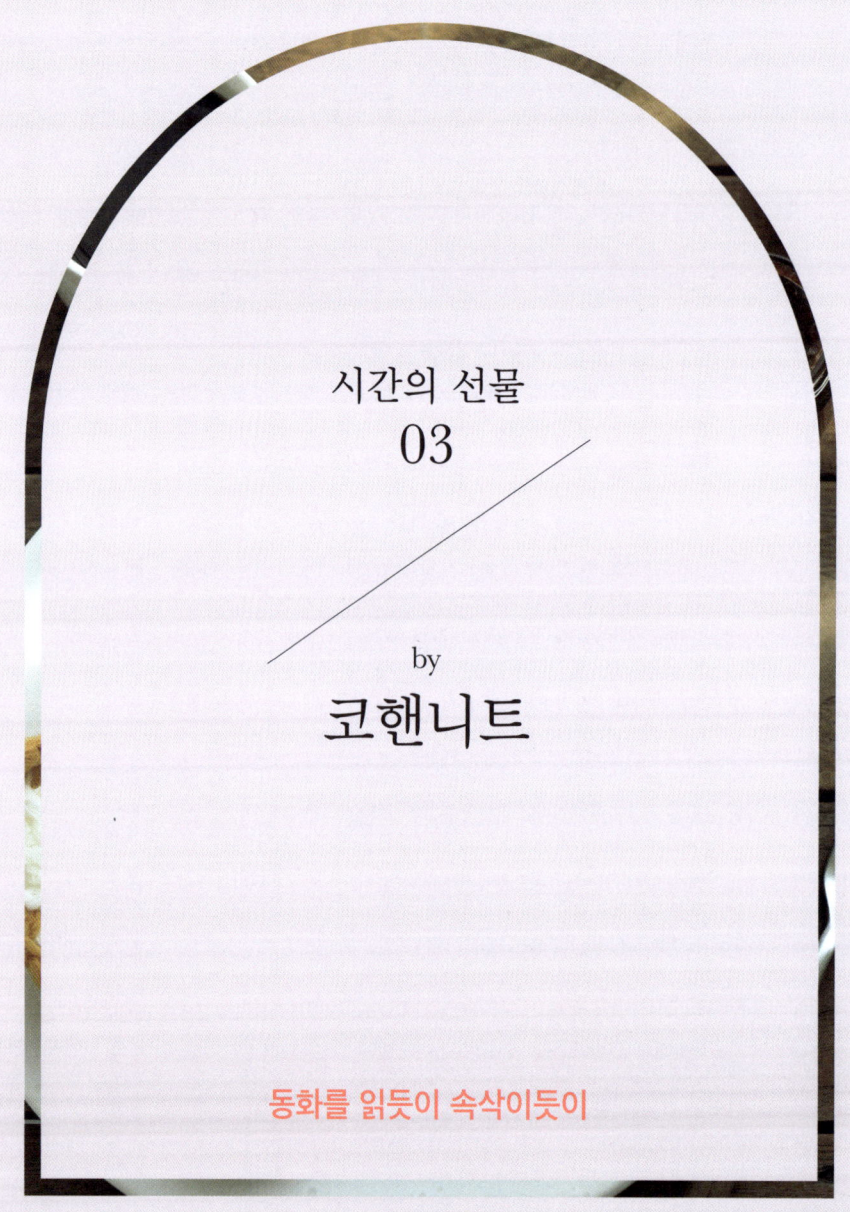

시간의 선물
03

by
코핸니트

동화를 읽듯이 속삭이듯이

LIKE LOVELY FAIRY TAIL

헹굼용 계란 프라이 & 식빵 수세미

볼록한 노른자로 입체감 있는 달걀 프라이에 식빵을 곁들여보았어요.
주방에서는 헹굼용 수세미로, 재미있는 공간을 연출하고 싶을 때는
인테리어 소품으로 사용해보세요.

How to make p.124 · 125

플라워 원형 휴지 케이스

활짝 핀 꽃잎 위로 휴지를 꺼내 쓸 수 있어요.
사랑스러운 배색으로 공간을 한층 더 따뜻하게 만들어요

How to make p.126

튤립 미니 가방

사랑스러운 튤립이 활짝 핀 미니 가방이에요.
물빠짐이 좋고 오염에 강해 물놀이나 모래해변에 들고 가기에도 좋아요.

How to make p.127

선인장 병솔 수세미

시들지 않는 선인장 꽃을 표현한 병솔 수세미예요.

How to make p.128

미니 달걀 바구니

달걀 1개를 넣을 수 있는 귀여운 미니 바구니예요.
봉투에 빵끈으로 포장해서 선물해보세요.

How to make p.129

루돌프 세안밴드

크리스마스 파티에 루돌프가 빠질 수 없죠.
빨간 코까지 만들어주면 크리스마스 파티 완성!

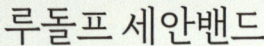
How to make p.130

곰돌이 세안밴드

귀여운 곰돌이가 된 나!
작은 소품으로 기분 좋게 하루를 시작해보세요.

How to make p.131

병아리 세안밴드

삐약삐약 꼬꼬~ 깜찍하고 귀여운 모습에 온가족이 반할 거예요!

How to make p.132

개구리 세안밴드

커다란 눈이 반짝반짝!

How to make p.133

Designer's STORY

작지만 큰 행복,
쉽지 않지만 어렵지도 않은 것

코핸니트 / 서지혜 작가   블로그 blog.naver.com/seojihye1984

─────── 어렵사리 암호를 해독하니 짠- 열렸던 마법의 문.
2016년도에 우연히 해외 니터분들의 작품들을 보고 한눈에 반해 무작정 뜨개책 한 권을 구입했어요. 그리고 암호 해독하듯이 도안에 있는 기호를 하나하나 유튜브로 익히며 뜨개를 시작했어요. 쉬웠던 건 아니었는데, 이상하게 빠져들었어요.

─────── 내 맘대로 할 수 있는 일, 사실 많지 않잖아요.
색깔부터 크기까지 내가 좋아하는 대로 자유자재로 만들어 일상생활에서 사용할 때 느껴지는 소소한 행복감! 그게 뜨개의 가장 큰 힘이라고 생각해요. 특히나 수세미는 일반 작품들보다 크기도 작아 금방 만들 수 있고, 디자인도 다양해서 선물하기 좋고, 실생활에서 유용하게 쓸 수 있어서 더 재미있는 것 같아요

─────── 작지만 큰 행복. 쉽지 않지만 어렵지도 않은 것.
〈시간의 선물〉에는 일상에 늘 곁에 두면서, 사용할 때마다 소소한 행복을 느낄 수 있는 작품들을 담았어요. 실용성 있으면서, 볼 때마다 기분도 좋아지게 해주는 아기자기한 작품들을 만들고 싶어서 오랜 시간 고민했어요.
평소 튤립이 들어간 작품을 자주 만드는데, 이번에 새로 만든 '튤립 미니 가방'은 소꿉장난하듯이 아이들 물놀이 가방이나 파우치로 사용해도 되고 미니 정원에 놓아주기만 해도 공간이 화사해져요. '병아리 세안밴드'도 생각했던 것보다 더 앙증맞고 귀여워서 머리에 썼을 때 "꺄~" 소리가 절로 나왔어요. :) 성인부터 아이들까지 재미있게 사용할 수 있으니 꼭 만들어보세요.♡

─────── 아직도 뜨고 싶은 게 너무너무 많아요.
이번 프로젝트에서는 만들지 못했는데, 앞으로 웰빙샤워세미와 웰빙수세미실을 합친 실용성 있는 수세미를 만들어보고 싶어요. 또 제가 좋아하는 아기자기한 블랭킷과 개성 있는 뜨개 가방들도 만들고 싶고요. 웰빙샤워세미가 그물망 형태로 물에서도 쓸 수 있고 34가지의 다양한 색상으로 수세미, 목욕용품, 가방 등 여러 작품에 활용이 가능해 창작 욕구를 마구마구 불러일으킨답니다.

─────── 함께 같은 시간을 공유했다는 건.
시간을 차곡차곡 정직하게 담아야만 비로소 완성이 된다는 건, 뜨개도 책도 마찬가지죠. 〈시간의 선물〉을 작업하면서 좋은 작가님들과 함께 의미있는 시간을 보냈고, 그 과정을 통해 또 여러 가지 아이디어와 힘을 얻었답니다. 〈시간의 선물〉이 준 또 하나의 '시간의 선물'이네요.

시간의 선물
04

by

소냐티

나만의 작고 귀여운 힐링 타임

SMALL HEALING TIME

넓은 들판꽃

들판에 잔뜩 피어 있는 이름 모를 꽃들을 떠올리며 상상 속의 꽃을 몽글몽글 피워보았어요.
자세히 들여다볼수록 더 예쁜, 내 머릿속의 꽃들.

How to make p.139

하얀 하늘꽃

하늘에 꽃이 핀다면?
몽글몽글 떠다니는 구름은 어쩌면 하늘에 핀 꽃이 아닐까요?

How to make p.137

포근 구름별꽃

"반짝반짝 작은 별, 아름답게 비치네"
별들이 여러 겹 겹쳐서 더욱 몽환적이에요.

How to make p.138

웨딩 부케 수세미

드레스 수세미를 만들다가 그 자체로 풍성한 부케도 함께 만들어봤답니다.

How to make p.141

요정 드레스 & 웰라인 드레스
때로는 우아하게, 때로는 귀엽게. 수세미로 만드는 우리들의 특별한 코스튬.

How to make p.135 · 136

리본 자수 수세미

리본이 몽글몽글 팡! 사랑스럽게 살랑거리는 수세미예요.

How to make p.134

나비 꽃 수세미

꽃일까요? 나비일까요? 꽃인 듯 나비인 듯 묘하고 예쁜 수세미.

How to make p.140

물고기 샤워 글로브

금방이라도 톡 튀어 오를 것 같은 발랄한 물고기 샤워 글로브의 비밀은???

How to make p.142

수채화 릴리

수채물감으로 그린듯, 바람에 번진듯, 아련하고 청순한 백합꽃이에요.

How to make p.143

Designer's STORY

손확행,
손으로 만들어내는 확실한 행복

소냐티 / 권소영 작가　　　블로그 blog.naver.com/sonya1358

―――――― **실이 비싼 줄도 모르고. 직접 만들면 싸지 않을까 했더랬죠.**
초등학교 1학년 때 대바늘로 뜨개를 시작했어요. 엄마가 취미로 뜨개를 하셨는데, 어린 마음에 마냥 신기해 보이더라고요. 저도 뜨겠다고 하면서 떴는데, 그땐 정말 못했어요. 그러다 정식으로 시작한 건 초등학교 5학년 때 방과 후 뜨개 동아리를 하게 되면서부터예요. 그때는 다른 이유보다는 정말 그냥 끌려서 시작하게 되었어요. 실이 비싼 줄도 모르고, 그냥 내가 직접 만들어서 쓰면 더 싸지 않을까 했더랬죠, 하하하.

―――――― **뜨개는 정말 작은 코로 시작해서 점점점.**
커다란 작품으로 형태를 갖추어 완성돼요. 그 과정이 정말 매력적이죠. 그리고 마음이 참 따스해져요. 만들고 나면 성취감이 정말 크다는 점도 빠뜨릴 수 없겠네요. 특히 수세미는 쉽게 빨리 끝낼 수 있고, 다양하게 만들 수 있다는 것이 가장 큰 매력적인 것 같고요. 만들고 나면 너무 예쁘죠. 반짝거리는 수세미가 기분을 정말 좋게 만들어주더라고요.

―――――― **나만의 감성으로. 아기자기 판타지스럽게.**
제 작품들은 봄과 관련된 것이 많다 보니 이번 〈시간의 선물〉에서는 여름 별, 가을 들판, 그리고 겨울 눈꽃까지 표현해보고 싶었어요. 그리고 무엇보다 연일섬유의 새로운 실인 웰빙샤워세미를 중점으로 하는 작품을 만들어보고 싶었어요. 많은 분들이 시도해볼 수 있도록 정말 쉽게 만들고 싶어서 많은 노력을 했어요. 저만의 감성이 담긴 아기자기하고 판타지스러운 느낌을 표현하고 싶었답니다.

―――――― **나의 상상에 가장 가까이 다가갔어요.**
원피스 작품을 좋아하는데, 제가 디자인하면 예쁘게 나오지가 않더라고요. 그래서 다시 새롭게 도전하는 마음으로 '웰라인 드레스'를 만들었는데, 그래도 이번에는 원했던 이미지에 가깝게 나온 거 같아서 애착이 가요. 물론 시행착오를 가장 많이 겪기도 했고요. 샘플도 정말 많이 만들었는데 제대로 만들어진 것은 별로 없는 비운의 작품이기도 합니다. 다시 도전해보려고 생각중이에요!
제 작품 중 '나비 꽃 수세미'는 꼭 한번 만들어보시길 추천드려요. 실물이 제일 예쁘다고 들었거든요. 이 예쁨을 많은 분들이 꼭 눈으로 직접 확인하셨으면 좋겠습니다.

―――――― **웰빙샤워세미는 컬러가 하나같이 다 아름다워요.**
저는 웰빙컬러풀과 웰빙샤워세미를 참 좋아해요. 웰빙컬러풀은 저와 지혜로운사자 작가님이 함께 제작에 참여하기도 했고요. 특히 4번 소디움 캔디와 7번 샤이 베리를 좋아해요. 웰빙샤워세미는 컬러가 하나같이 다 아름다워요. 작품 만든다고 엄청 다양하게 썼는데 막상 책에 수록한 완성본에서는 흰색 위주로만 쓴 것 같아서 좀 아쉽네요.
이 아름다운 실들로 만들고 싶은 게 너무 많아요. 귀여우면서 심플한 수세미도 다양하게 만들고 싶고, 하트 모양도 여러 가지 형태로 구현하고 싶고. 웰빙샤워세미로 다채로운 실험을 하고 싶은데, 아, 늘 마음만 앞서서 문제. 그래도 뜨개 고민은 늘 행복한 고민이죠.

시간의 선물
05

by
빛나

쉽고 간단하지만 스미듯이 기억되기

EASY AND SIMPLE POINT

청어 수세미

아이가 한동안 물고기를 좋아했어요.
그래서 아이를 위한 물고기 수세미를 만들어보고 싶었어요.

How to make p.150

뭉게구름(단면 & 호빵)

하늘에 둥둥 예쁘게 떠 있는 뭉게구름 수세미.
도톰한 단면 수세미도, 빵빵한 호빵 수세미도
그냥 보기만 해도 기분 좋기는 마찬가지.

How to make p.152·153

파스텔 알파카

귀여운 동물 친구들을 만들어보고 싶었어요.
가능하면 실을 끊지 않고 얼굴, 털, 귀까지 표현하고 싶었고요.

How to make p.145

추억의 눈깔사탕

입 안 가득 눈깔사탕을 굴려 먹던 추억을 떠올려보세요.
맛있는 추억의 눈깔사탕을 병솔로 만들었습니다.

How to make p.148

뽀글뽀글 고슴도치

헬로~ 뾰족한 가시 대신 뽀글뽀글 펌을 한 고슴도치 친구들입니다.

How to make p.149

러플 플라워 (호빵)

수세미 위에 겹꽃잎의 풍성한 러플 플라워가 피었습니다.

How to make p.146

러플 플라워 (단면)

러플러플~ 러플이 예쁜 러플 플라워 수세미. 티매트로 활용할 수도 있어요.

How to make p.147

컬러풀 나비

반짝이는 수세미 꽃밭에 작은 나비가 내려왔어요.

How to make p.144

해피 하트 바스타월 & 헤어밴드

욕실에도 뜨개 소품을 놓고 싶었어요. 세트로 뚝딱뚝딱 툭. 이렇게 간단하게 행복해지다니.

How to make p.151

Designer's STORY

뜨개는 일상이기도, 일탈이기도

빛나 / 최정아 작가　　블로그 blog.naver.com/dmsco3233　　인스타그램 @bitna_factory

─────── **몸으로 느끼는 포근함. 마음으로 느끼는 포근함.**
뜨개의 매력은 하루종일 이야기해도 부족할 정도로 많지만, 가장 먼저 떠오르는 생각은 '포근함'이에요. 니트나 목도리처럼 몸으로 느껴지는 포근함도 있지만, 마음으로 느껴지는 포근함이 뜨개의 가장 큰 매력이 아닐까 생각해요.
아주 어릴 때, 엄마는 저와 동생에게 뜨개옷을 만들어 입혀주셨어요. 엄마에게서 뜨개를 배워가며 손모아 장갑을 만들었는데 양쪽 사이즈가 달랐던 기억이 있어요. 태교를 하면서 다시 뜨개를 배웠고, 블로그를 시작할 즈음에 수세미 뜨개를 시작했어요.

─────── **수세미실은 컬러와 종류가 다양해서 재밌죠.**
손뜨개 수세미는 한정된 사이즈임에도 다양한 것들을 표현할 수 있고, 다른 뜨개 작품에 비해 비교적 빠른 시간에 완성할 수도 있어요. 마음을 부담 없이 전하기에도 좋고.
〈시간의 선물〉에는 어렵고 복잡한 것보다는 쉽지만 포인트가 있는 작품들을 만들고 싶었어요. 그러면서도 실제 사용하는데 불편함이 없었으면 했고요. 사실 어려운 건 제가 잘 못 뜨거든요… ㅎㅎㅎ

─────── **제 작품 중에서 '파스텔 알파카'는 꼭 한번 떠보세요.**
이번 수록 작품 중에 가장 애착이 가는 것은 '파스텔 알파카'예요! 제가 좋아하는 캐릭터인 '알제이(RJ)'가 알파카거든요. 그래서 꼭 뜨개로도 알파카를 만들어보고 싶었어요.
그러니 제 작품 중에서 '파스텔 알파카'는 꼭 한번 떠보세요. 실을 끊지 않고 얼굴, 털, 귀를 다 표현하고 싶었는데, 생각했던 것과 비슷하게 만들어졌고 파스텔톤 컬러가 더욱 사랑스럽답니다. 그리고 '추억의 눈깔사탕'도 추천하고 싶어요. 제 예상보다 훨씬 많은 분들이 좋아해주셨거든요!

─────── **어쩌나. 웰빙샤워세미와 사랑에 빠졌어요.**
처음엔 기존의 수세미실과 너무 달라 어떻게 접근해야 할지 고민이 많았지만, 단독으로도 폴리 수세미실과의 조합으로도 너무나 다양하게 활용하기 좋은 매력이 많은 실이란 걸 깨달았어요.

─────── **뜨개는 제게 일상이기도, 일탈이기도 해요.**
수세미실이든 다른 뜨개실이든, 보통 쓰던 컬러만 자꾸 사용하게 되는데, 앞으로는 손이 잘 가지 않았던 컬러들을 사용한 수세미를 만들어보고 싶어요. 그리고 다양한 손뜨개 가방도 만들어보고 싶고요. 익숙한 일상 속의 작은 도전들이 또 새로운 세계를 열어주겠죠.
여러 가지 생각과 도전의 기회를 제공해주신 연일섬유에 감사 인사를 전하고 싶어요. 그리고 유명한 작가들과 함께할 수 있어서 영광이었습니다. 생각한 것들을 다 표현하지 못해서 아쉬움도 남지만, 이번 경험을 바탕으로 조금 더 성장하는 저를 기대해봅니다.

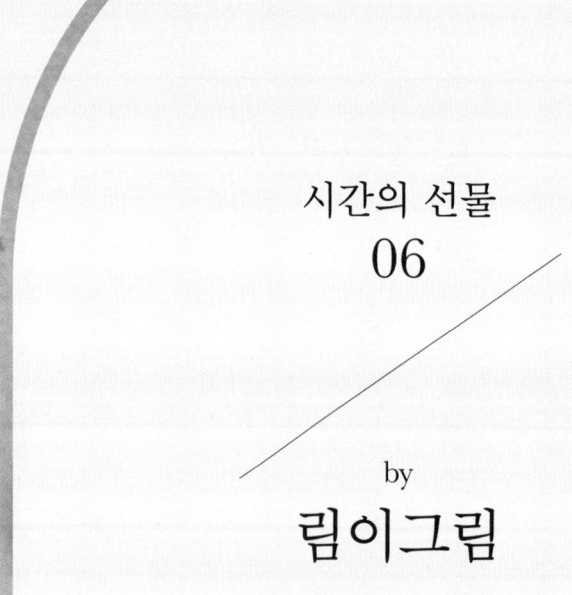

시간의 선물
06

by
림이그림

뜨개로 만들어가는 나만의 정원

MY CROCHET GARDEN

꽃잎 리스

봄날, 흩날리는 꽃잎이 이곳저곳 자연스럽게 떨어져 있는 모습을 보면
그 꽃잎들을 모아서 자연스럽게 장식하고 싶어지더라고요.
그런 상상 속에서 태어난 꽃잎 리스 수세미입니다.

How to make p.154

러플러플라워

반입체 형태의 풍성한 꽃잎으로 만든 러플러플한 수세미입니다.
자연스러운 꽃잎을 연출해주었어요.

How to make p.155

행잉 플랜트 (Ver. 쥐꼬리 선인장)

내 손만 닿으면 식물이 시든다는 분들 계시죠?
손뜨개로 시들지 않는 플랜테리어를 해보세요.

How to make p.156

솔잎 리스

싱그러운 솔잎을 한가득 엮어서 문이나 벽에 풍성하게 장식하는 장면을 상상해보세요.
솔잎의 향과 멋진 솔잎 리스로 꾸며진 공간을 상상하며 수세미로 만들어보았습니다.

How to make p.157

창가의 라벤더

이른 새벽 창가로 은은하게 밀려오는 라벤더 향기.
그 새벽의 감성을 담아 만든 수세미랍니다.

How to make p.158

레트로 튤립

같은 꽃이라도 나만의 감성을 듬뿍 담아 만든 빈티지한 느낌의 튤립.

How to make p.159

공작 행잉

순백의 고귀함과 우아함을 보여주는 백공작. 수세미실의 은은한 반짝이를 활용해
고급스러워 보이는 소품을 만들고 싶다는 생각에 가득 차 있을 때 만들게 된 인테리어 소품입니다.

How to make p.163

빈티지 앤티크 액자

유럽풍의 고풍스러운 프레임과 빈티지한 드라이플라워로 장식한 우아한 공간을 상상해보세요.

How to make p.161

민들레 비누 받침

민들레 모양의 비누 받침. 살짝 말리듯, 오므라지는 것이 특징입니다.

How to make p.160

러브레터

마음이 가득 담긴 편지를 쓰거나 받았을 때
그 설레던 순간, 그 마음을 기억하나요?

How to make p.162

Designer's STORY

관심과 사랑을 담뿍 담아야 하는
뜨개 가드닝

림이그림
블로그 blog.naver.com/arthrlim　　　인스타그램 @rimigrim　　　유튜브 림이그림 rimigrim_knit

─── 꽃과 나무가 어우러진 뜨개 공간에 여러분을 초대합니다.
〈시간의 선물〉에서 제 컨셉은 '크로셰 가든(Crochet Garden)'이에요. 가든이니까 식물 이미지를 한껏 담은 니팅으로 생각할 수도 있겠지만, 제 미래의 뜨개 공간을 상상하며 이미지를 하나하나 담아보려고 했어요. 식물을 기를 때 관심과 사랑으로 정성을 쏟지 않으면 안 되는 것처럼, 한 코 한 코 뜨개를 할 때도 관심과 사랑을 담뿍 담아야 하는 '뜨개 가드닝'으로 이해해주시면 좋겠어요. 앞으로 제가 나아갈 뜨개의 방향에 조금씩 다가서는 첫 걸음이자 머릿속에 그린 이미지를 뜨개로 풀어가는, 림이그림만의 뜨개를 담은 가든입니다. 꽃과 나무가 한껏 어우러져 있는 제 뜨개 공간에 여러분을 초대합니다.

─── 수세미실로 수세미만 뜰 필요 없잖아요?
모두 다 정성이 들어간 작품들이지만, '공작 행잉'을 특히 애정하고 있어요. 사실 '공작 행잉'은 오래전에 만들어뒀지만 도안을 공개하지 않았어요. 언젠가 제 뜨개책이 발간될 때 넣으려고 아껴두었을 정도로 제가 애착을 갖고 있는 작품이에요.
'공작 행잉'은 수세미실의 특징은 그대로 살린 채 고급스러운 이미지의 소품으로 탄생시킨 작품이랍니다. 수세미실을 꼭 수세미만 뜨는 데 쓸 필요는 없잖아요? 물론 실마다 알맞은 용도가 있겠지만, 그 용도로만 사용하지 않아도 된다는 걸 보여주고 싶었어요. 그동안 수세미실을 가방의 장식 요소나 여러 가지 소품의 질감 표현에 많이 사용해왔던 저로서는, 그 어떤 실로 뜰 때보다 잘 어울린다고 생각해요. 수세미실의 또 다른 매력을 분명히 느끼실 수 있을 거에요!

─── 공간을 상상하고, 뜨개를 연출했어요.
'빈티지 앤티크 액자' 역시 제가 그려가는 뜨개 이미지를 잘 반영하고 있는 것 같아서 개인적으로 무척 아끼는 작품입니다. 이번 뜨개 가든 이미지에서 개인적으로 가장 마음에 들게 나온 작품이에요. 정원의 꽃을 꺾어다 드라이플라워처럼 말려 앤티크 프레임 액자에 어우러지게 담아 벽 한 쪽을 꾸민 공간을 상상했어요. 웰빙샤워세미의 매트한 질감 느낌을 살려 드라이플라워처럼 연출한 점도 너무 마음에 들어요. 다른 실로 연출해도 충분히 활용 가능한 만능 아이템이라는 생각이 들어서 추천드려요!

─── 나만의 스타일로 실을 재해석한다는 것.
이번 도안집에서 저는 웰빙수세미와 웰빙샤워세미를 사용했어요. 둘 중 더 애정하는 실을 꼽으라면 웰빙샤워세미로 할래요. 웰빙샤워세미가 출시되고 제가 처음 만든 소품은 수세미나 욕실용품이 아닌 튜튜백이었답니다. 레이시한 느낌이 발레복을 연상시켜서 여리여리한 가방을 만들었었죠. 안감 없어도 탄탄하게 형태가 유지될 뿐 아니라, 제가 생각한 이미지와 너무 잘 어울리기도 했고 무엇보다 저만의 스타일로 실을 재해석하여 만들기 좋다는 점에서 그 매력에 푹 빠지게 되었죠. 앞으로도 무궁무진하게 활용할 수 있을 것 같아요.

─── 실과 바늘이 그림 그리는 도구인 셈이에요.
저는 SNS에 수세미 외에도 많은 소품과 의류 등을 뜨고 있는 모습을 공유해왔어요. 지금까지의 뜨개 과정이 저에게는 워밍업이었다면 앞으로는 조금 더 적극적인 저의 작품 세계를 뜨개에 담고 싶어요. 뜨개를 하면 할수록 샘솟는 아이디어를 하나씩 천천히 제 속도에 맞춰 뜨개로 풀어내고 싶어요. 물감과 붓으로 그림을 그리듯 실과 바늘이 제게는 그림 그리는 도구인 셈이에요. 저만의 생각을 실이라는 매체를 활용해 이미지로 구현하는 그런 뜨개 말이에요. 이미 보여드린 바 있지만 명화와 관련된 뜨개라든가 정형화되지 않은 뜨개로 저만의 감각을 발휘하고 싶어요.

시간의 선물

만드는 방법

HOW TO MAKE

코바늘 기호와 명칭

기호	명칭	기호	명칭	기호	명칭	기호	명칭
▷	실 걸기	∨	짧은뜨기 3코 늘리기	⊗	겹짧은뜨기		한길긴뜨기 2코 구슬뜨기
(M)	매직링(원형코)	V	긴뜨기 2코 늘리기	×	되돌아 짧은뜨기		한길긴뜨기 3코 구슬뜨기
○	사슬뜨기	V	긴뜨기 3코 늘리기		피코뜨기		한길긴뜨기 4코 구슬뜨기
·	빼뜨기	V	한길긴뜨기 2코 늘리기		이랑뜨기 (각 기호의 밑줄은 이랑뜨기를 의미합니다.)		두길긴뜨기 2코 구슬뜨기
×	짧은뜨기	V	한길긴뜨기 3코 늘리기		앞걸어 짧은뜨기		긴뜨기 5코 팝콘뜨기
T	긴뜨기		한길긴뜨기 5코 늘리기		뒤걸어 짧은뜨기		한길긴뜨기 4코 팝콘뜨기
T	한길긴뜨기		두길긴뜨기 2코 늘리기		앞걸어 한길긴뜨기		한길긴뜨기 5코 팝콘뜨기
T	두길긴뜨기	∧	짧은뜨기 2코 모으기		뒤걸어 한길긴뜨기		루프 짧은뜨기
T	세길긴뜨기		한길긴뜨기 2코 모으기		긴뜨기 3코 구슬뜨기		루프 짧은뜨기 2코 늘리기
T	네길긴뜨기		두길긴뜨기 2코 모으기		자스민 뜨기(3잎)		루프 한길긴뜨기
∨	짧은뜨기 2코 늘리기		한길긴뜨기 3코 모으기		긴뜨기 5코 구슬뜨기		루프 한길긴뜨기 2코 늘리기

일러두기

- **재료 관련** 뜨개실 제품명은 웰빙크림수세미 → 웰빙크림 / 웰빙컬러풀수세미 → 웰빙컬러풀로 축약했습니다.
  웰빙수세미와 웰빙샤워세미는 그대로 사용했습니다.
  작품 하나하나 컬러를 안내하지 않고, 전체적으로 사용된 실을 종류에 따라 색상 번호 오름차순으로 정리했습니다.
  1볼 이상 필요한 경우를 제외하면 사용량을 별도 표기하지 않았습니다.

- **도안 컬러** 작품의 컬러에 가깝게 표시하되, 필요한 경우 가독성을 위해 컬러를 달리 표기한 것도 있습니다.
  배색은 취향에 맞게 바꿔줘도 좋습니다.

- **도안 기호** 반복되는 패턴의 경우 일부만 표기하여 생략하기도 했습니다.
  부가 설명이 필요한 경우, '만드는 법'에 상세하게 설명했습니다.

- **도안 크기** 각 도안의 크기는 실제와 다를 수 있습니다. 반드시 완성 사이즈를 확인해주세요. 개인에 따라 완성작의 크기는 달라질 수 있습니다.

- **뜨개 용어** 되도록 통일하고자 노력했으나 원작자의 표현을 따른 것도 있습니다.

스프링백 ★☆☆ p.19

"앞걸어뜨기와 뒤걸어뜨기를 완벽하게 익힐 수 있는 가방입니다."

designed by **기미룡**

만드는 법

① 사슬코 37개를 만들고 도안에 따라 앞걸어 한길긴뜨기로 빙 둘러줍니다.

② 3단까지는 앞걸어 한길긴뜨기로 뜨고, 4단부터 배색에 유의하여 뒤걸어 한길긴 뜨기로 뜹니다.

③ 20단까지 도안에 따라 바디 부분을 뜨고, 21단부터 25단까지 손잡이 부분을 뜹니다.

④ 26단의 짧은뜨기로 테두리를 둘러 마무리하고, 새우뜨기로 적당한 길이의 어깨 끈을 만들어서 양옆에 이어줍니다.

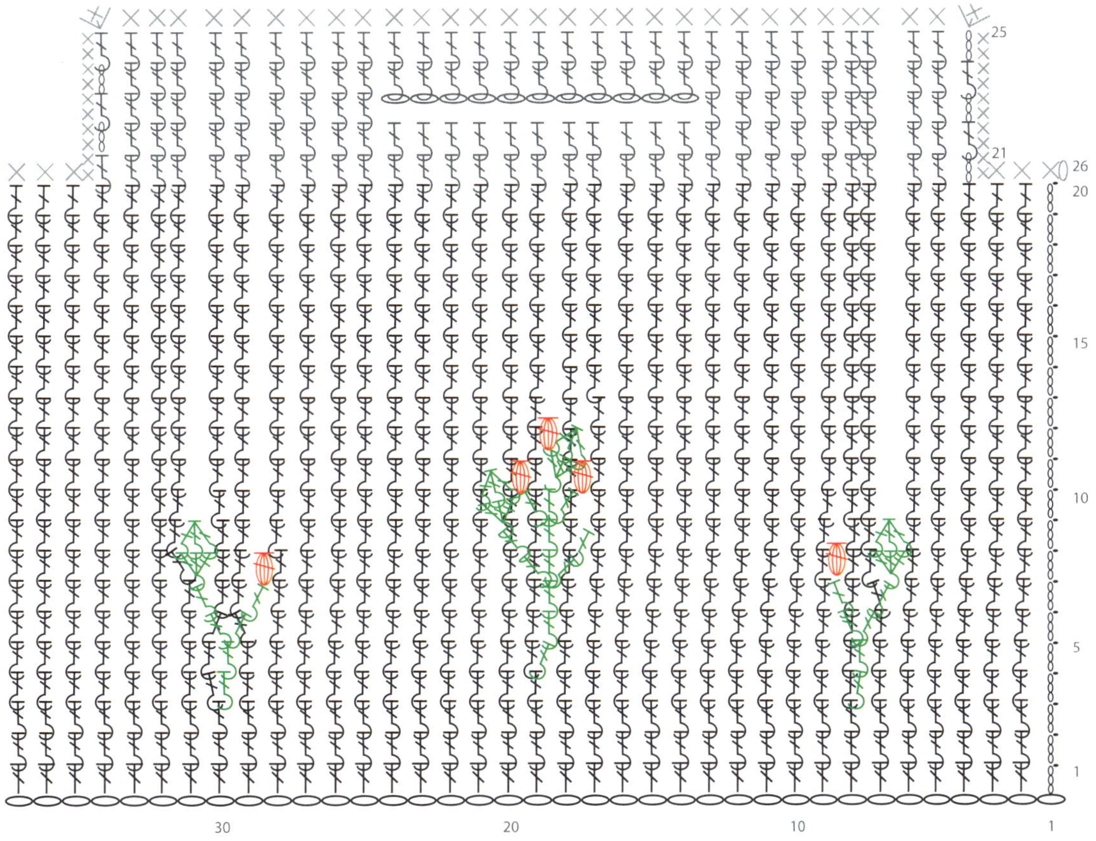

재료

실	웰빙샤워세미 4(2볼), 9, 20
바늘	모사용 9/0호
완성 사이즈	가로, 세로(손잡이 높이 포함) 24cm, 끈 74cm

POINT 꽃망울과 꽃의 위치가 포인트입니다.

과일 샤워 글로브 ★★☆ p.20

"웰빙샤워세미의 다양한 실 조합으로 나만의 과일을 만들어보세요!"

designed by **기미룡**

만드는 법

① 매직링으로 시작합니다.

② 배색 앞걸어뜨기에 유의하며 도안대로 앞면을 뜨고, 뒷면은 루프뜨기 코에 유의하여 뜹니다.

③ 앞면과 뒷면을 안끼리 마주보도록 놓고 손 넣을 자리를 제외하고 짧은뜨기로 2면을 함께 떠 이어줍니다.

재료

실	웰빙샤워세미 4, 5, 7, 9, 11, 20
바늘	모사용 9/0호
완성 사이즈	지름 14cm

POINT 배색에 따라 자몽, 라임, 오렌지를 완성할 수 있어요! 나만의 배색으로 만들어보세요!

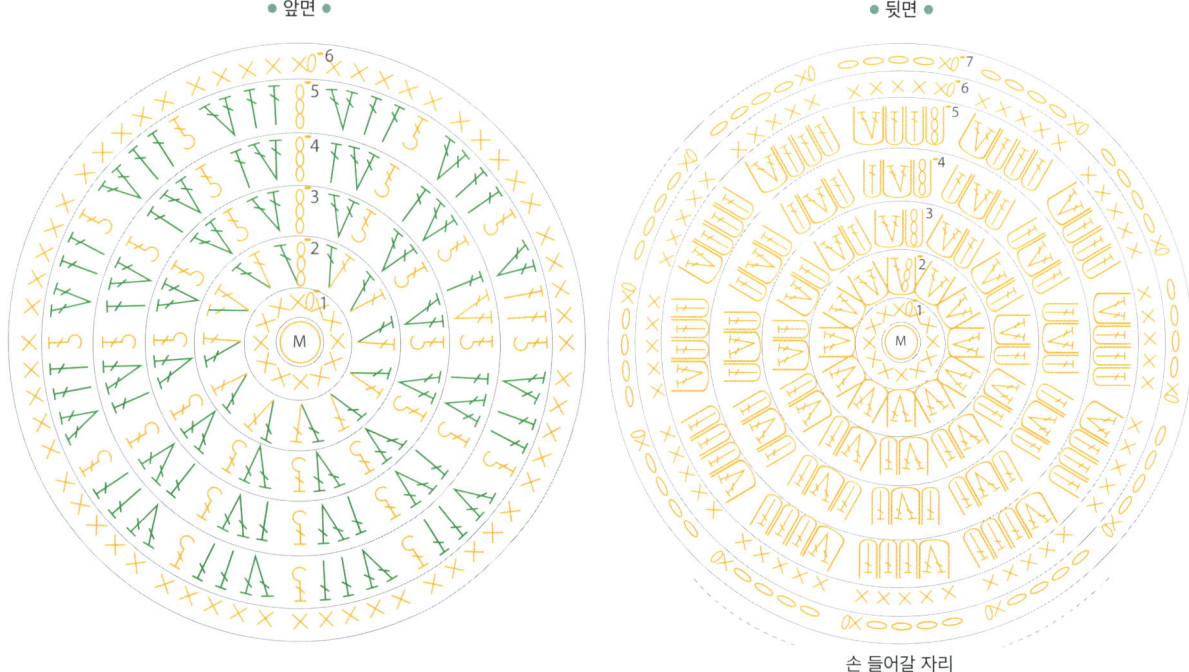

● 앞면 ●　　　● 뒷면 ●

손 들어갈 자리

자스민 휴지 케이스 ★★☆ p.22

"두루마리 휴지에게 집이 생겼습니다~"

designed by **기미룡**

재료

실	웰빙샤워세미 1, 15(2볼), 27(2볼)
바늘	모사용 9/0호
완성 사이즈	지름 12cm, 높이 13cm

POINT 자스민 뜨기는 장력 조절이 핵심입니다. 잎마다 동일한 장력을 주시고, 배색에 주의하세요!

만드는 법

① 겹사슬코 10개로 시작하여 상판을 떠줍니다.

② 7단까지 상판을 완성하고, 이랑뜨기로 8단부터 배색에 유의하여 옆면을 떠줍니다.

※ 마지막 자스민 뜨기는 2잎을 떠서 첫 기둥코와 연결해 3잎이 되도록 합니다.

③ 사슬 20코로 된 2개의 줄을 만들어 바닥 부분에 X자로 연결해 휴지가 빠지지 않도록 해주세요.

● 상판 ●

● 옆면 ●

튤립 수세미 ★☆☆ p.23

"간단하고 쉽게 튤립을 만날 수 있어요."

designed by 기미룡

만드는 법
① 사슬코 11개를 만들고, 사슬코를 짧은뜨기로 둘러줍니다.
② 도안을 따라 배색에 유의하여 떠주고, 빼뜨기로 마무리합니다.

재료
실	웰빙샤워세미 1, 4, 11, 18, 19
바늘	모사용 9/0호
완성 사이즈	가로 9cm, 세로 12cm

POINT 짧은뜨기에 배색만으로 쉽게 뜰 수 있는 작품입니다. 초보자도 쉽게 떠볼 수 있는 도안이에요. 나만의 배색으로 만들어보세요!

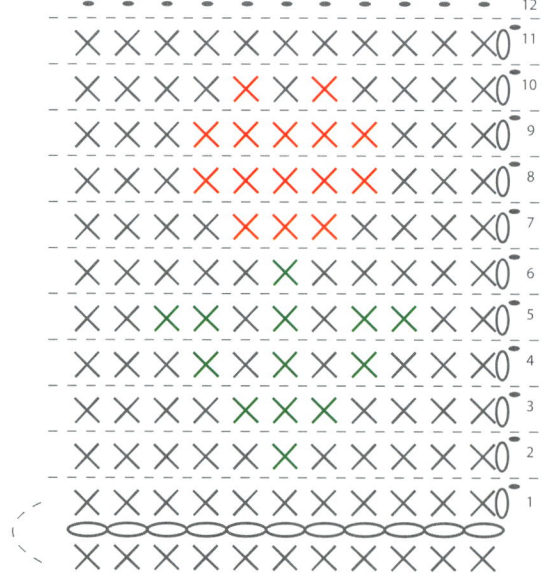

체크 수세미 ★☆☆ p.25

"단면이지만 양면 같고 양면이지만 단면 같은 독특한 매력!"

designed by **기미룡**

만드는 법

① 사슬코 15개를 만들고 한길긴뜨기 후 사슬코 1회를 총 5회 반복합니다.
② 1과 동일한 편물을 하나 더 만듭니다.
③ 2개의 편물 중 하나는 방향을 90도 회전해 1위에 올려놓고 교차되도록 엮어줍니다(QR코드 영상 참고).
④ 편물 테두리를 떠서 마무리합니다.

* 모서리는 각이 지도록 코를 늘려주세요.

재료

실	웰빙샤워세미 1, 4, 9
바늘	모사용 9/0호
완성 사이즈	가로, 세로 12cm

POINT 2개의 단면을 각각 제작하여 엮어내는 방식으로 만들기 때문에 이 디자인은 2개의 단면을 조립할 때 가장 재밌습니다. 교차 부분이 익숙해질 때까지는 헷갈리니 주의하세요.

체크 수세미
뜨는 법

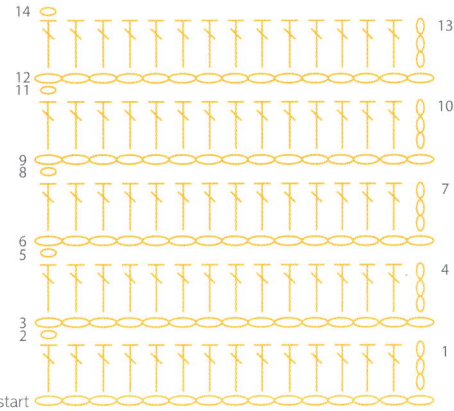

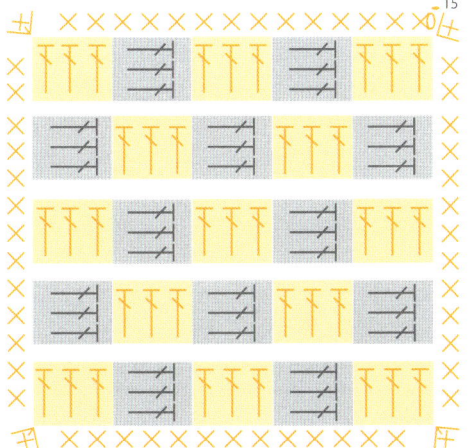

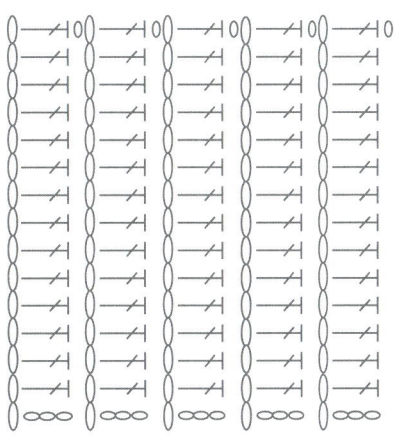

자스민 하트백 ★★☆ p.24

"가방 상단에 뿔이 두 개 있어
사랑스러운 하트 모양의 가방입니다."

designed by **기미룡**

만드는 법

① 도안을 참고해 상판과 바디를 각각 뜹니다.

✽ 상판의 왼쪽과 오른쪽은 비대칭이니, 콧수에 주의하세요.

② 도안에 안내된 위치에 따라 상판과 바디를 연결합니다.

③ 새우뜨기로 어깨끈을 뜬 후 도안에 안내된 위치에 연결해줍니다.

재료

실	웰빙샤워세미 25(3볼)
바늘	모사용 9/0호
완성 사이즈	밑면 가로 17cm, 세로(손잡이 불포함) 20cm, 끈 90cm

POINT 상판과 바디 연결 부위, 어깨끈 위치에 주의해 연결하세요.

● 바디 ●

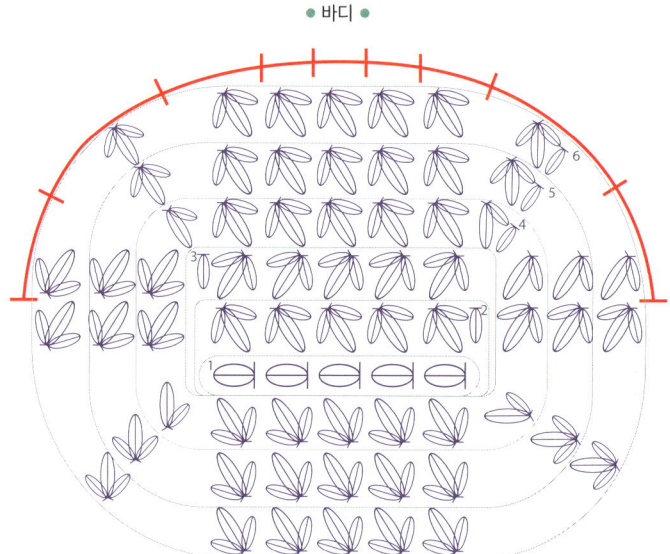

● 상판 ●

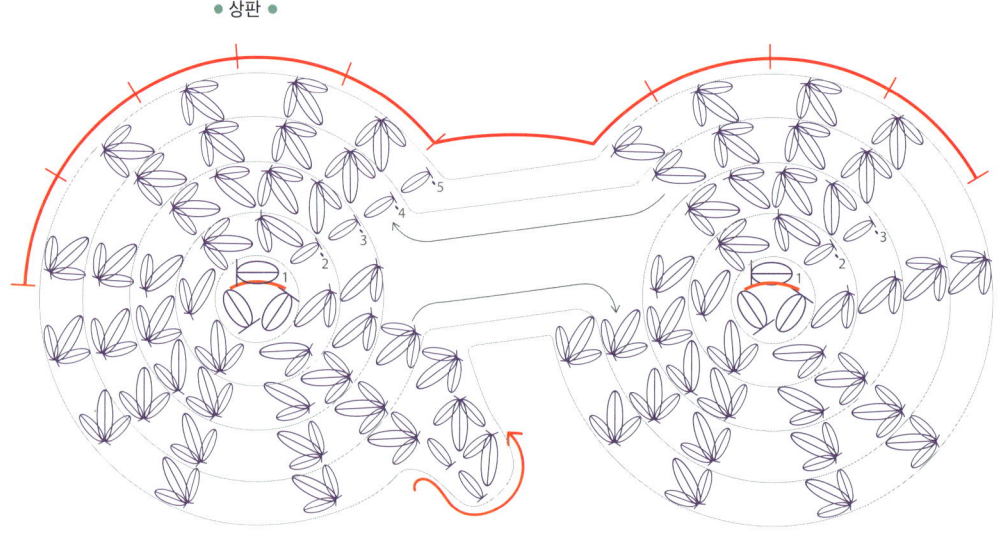

프레젠트 포 유 ★☆☆ p.18

"그 자체로 선물이 되는 작품을 만들고 싶어서 구상한 디자인입니다."

designed by **기미룡**

만드는 법

① 사슬코 13개로 시작하여 도안에 따라 뜹니다.

✱ 앞뒷면이 마주보는 디자인이므로 포인트 컬러 위치에 유의해 뜹니다.

② 도안을 참고로 4단까지 든 후, 5단은 포인트 컬러로 짧은뜨기로 뜹니다.

③ 도안을 따라 7단까지 뜨고, 앞면과 뒷면을 빼뜨기로 이어줍니다.

④ 완성 후 도안에 표시된 자리에 포인트 컬러의 실로 리본을 묶어줍니다.

재료

실　　웰빙샤워세미 1, 4, 11, 18, 19
바늘　모사용 9/0호
완성 사이즈　가로, 세로 10.5cm

POINT 모름지기 수세미는 '떼샷'이라고들 하지만, 이 작품은 한 개만으로도 시간과 마음을 담은 선물임을 충분히 표현할 수 있습니다. 여러 배색을 시도해보세요. 마무리 리본은 꼭 달아주세요!

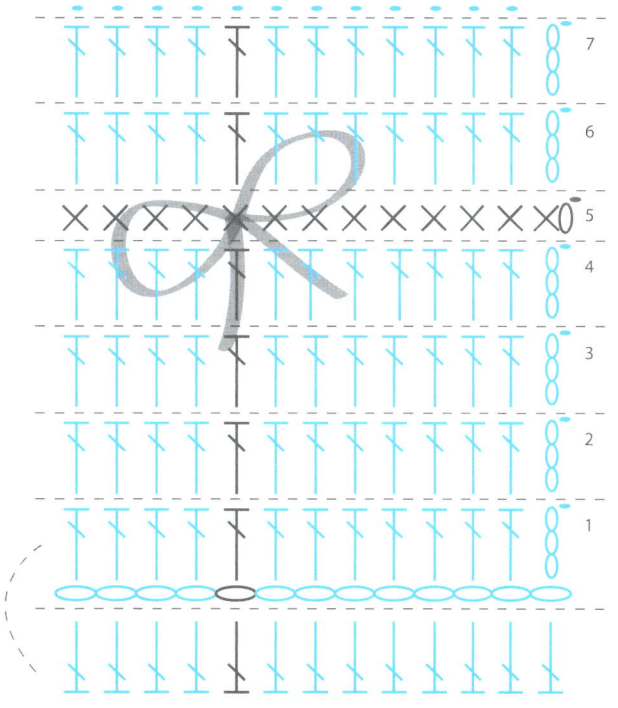

니트 수세미 ★☆☆ p.27

"손가락인형으로 장난감처럼 가지고 놀 수 있는 수세미를 만들고 싶었습니다."

designed by **기미룡**

만드는 법

① 사슬코 24개로 시작해 배색에 유의하여 1단부터 6단까지 뜹니다.

② 연결된 실 그대로 7단부터 13단까지 바디 부분만 뜹니다.

③ 새로운 실을 연결하여 양팔 위치의 14, 15단을 뜹니다.

재료

실　　웰빙샤워세미 2, 4, 24, 27
바늘　　모사용 9/0호
완성 사이즈　가로(밑단) 9cm, 세로 13cm

POINT 한줄 배색 포인트는 생략해도 좋아요. 하지만 배색 포인트를 주면 더 귀엽답니다.

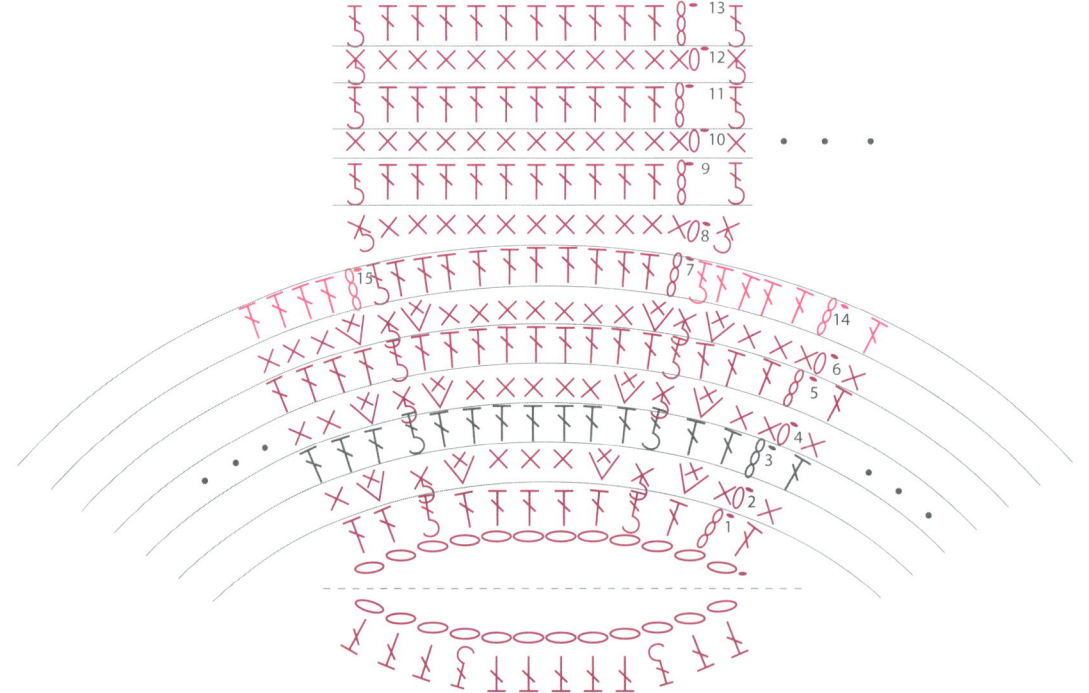

바지 수세미 ★☆☆ p.27

"니트 수세미와 바지 수세미는 세트로 만들어진 것 눈치 채셨죠?"

designed by **기미룡**

만드는 법
① 사슬코 22개로 시작하여 도안에 따라 1단을 뜹니다.
② 4단부터 양다리를 구분하여 코 늘림에 유의하여 떠줍니다.

재료
실　웰빙샤워세미 25, 29, 31, 33
바늘　모사용 9/0호
완성 사이즈　허리 8cm, 기장 13cm,
　　　　　　바짓단 너비 7cm

POINT 나팔바지입니다. 코 늘림 위치에 주의하세요.

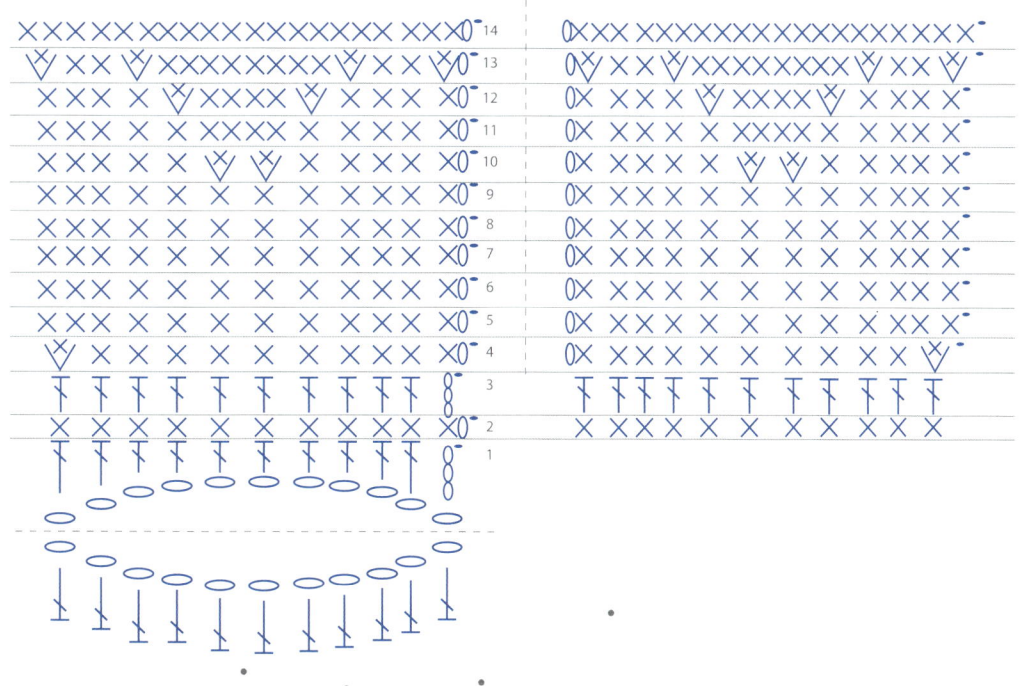

데이지 샤워 글로브 ★☆☆ p.26

"싱그러운 꽃향기로 가득한 샤워시간!"

designed by **기미룡**

만드는 법

① 매직링으로 시작하여 도안을 따라 3단까지 뜹니다.

② 같은 방법으로 3단까지 한 장 더 뜹니다.

③ 두 장의 모티브를 안쪽 면끼리 맞댄 뒤 4단부터 도안에 따라 손가락, 팔목 위치에 유의하여 뜹니다.

재료

실	웰빙샤워세미 1, 4, 16, 21
바늘	모사용 9/0호
완성 사이즈	가로(손목) 7~10cm, 세로 12~14cm

POINT 두장의 모티브를 앞로 연결해서 뜨기 때문에 연결 부위가 헷갈릴 수 있으니 주의하세요!"

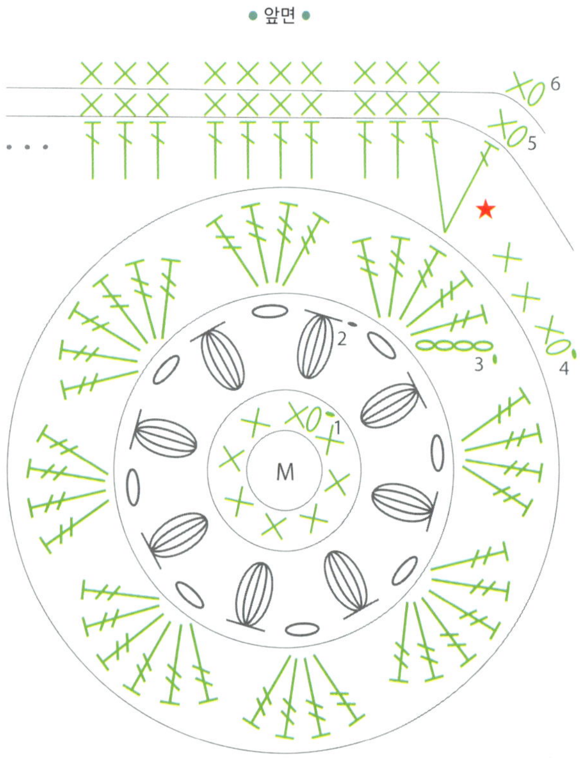

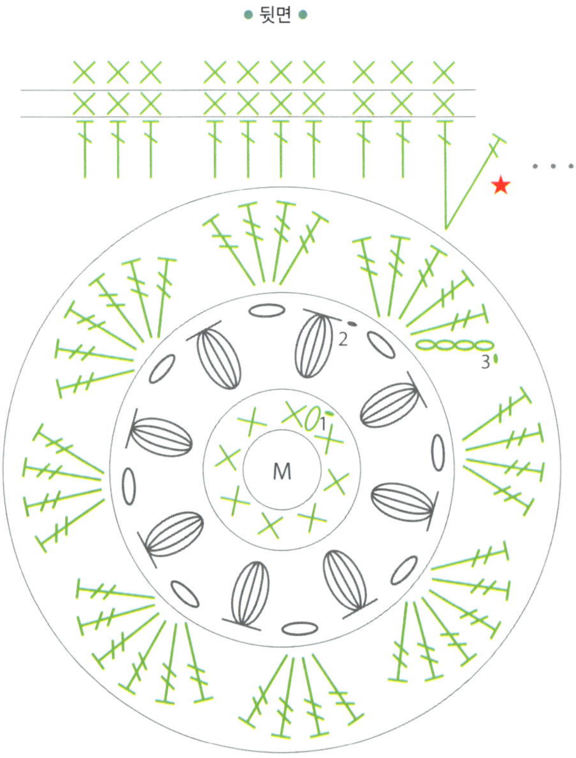

● 앞면 ●　　　　　　● 뒷면 ●

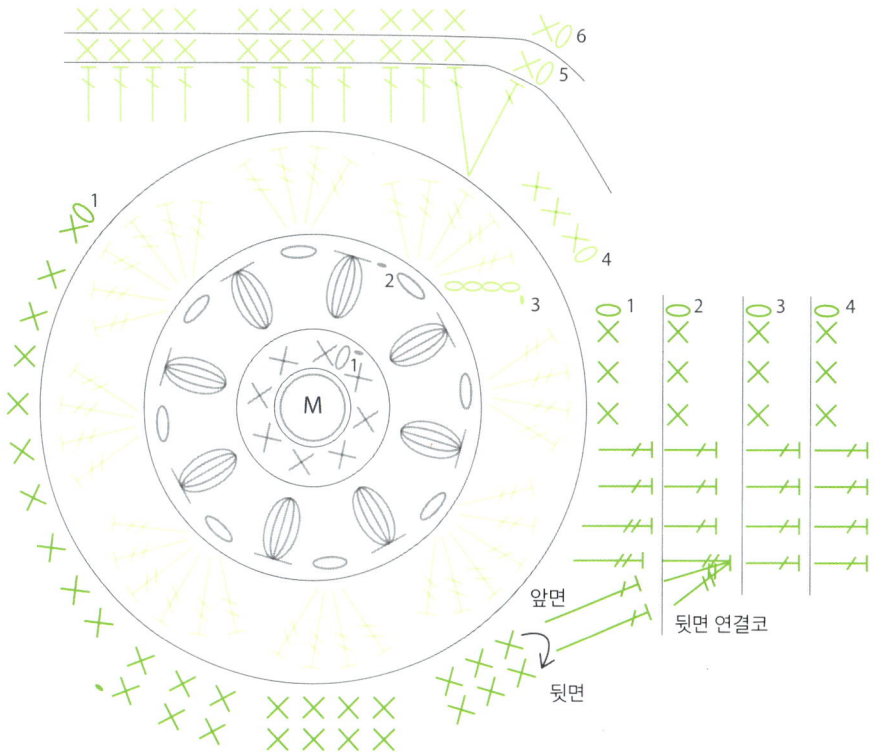

삐에로 수세미 ★★☆ p.32

"항상 웃고 있는 귀여운 삐에로를 수세미로 표현해봤어요."

designed by **지혜로운사자**

만드는 법

① 매직링으로 시작합니다.
② 1단 코 부분은 색을 변경하여 구슬뜨기로 떠주세요.
③ 2단 입 부분도 색을 변경하여 떠줍니다.
④ 4단은 전체 이랑뜨기로 신경 쓰며 떠주세요.
⑤ 5단까지 뜬 후 실을 잠시 쉬어두고 2단 부분에 눈 스티치를 해줍니다.
⑥ 눈 스티치 후 새로운 실을 연결하여 코 사이사이 바늘을 넣어 사슬코로 머리카락을 떠주세요.
⑦ 머리카락을 풍성하게 뜨고 싶다면 되돌아오며 빈 곳에 한 번 더 머리카락을 떠줍니다.
⑧ 안쪽 부분에서 실 마무리 후 6단부터 다시 떠주면 됩니다.

재료

실	웰빙수세미 33 / 웰빙크림 1, 8, 14 웰빙컬러풀 3, 6
바늘	모사용 6/0호
완성 사이즈	지름 11cm

POINT 사슬뜨기로 꼬불꼬불 사랑스러운 머리카락을 표현해주세요. 되돌아오며 2번 반복해주시면 숱이 풍성해집니다.

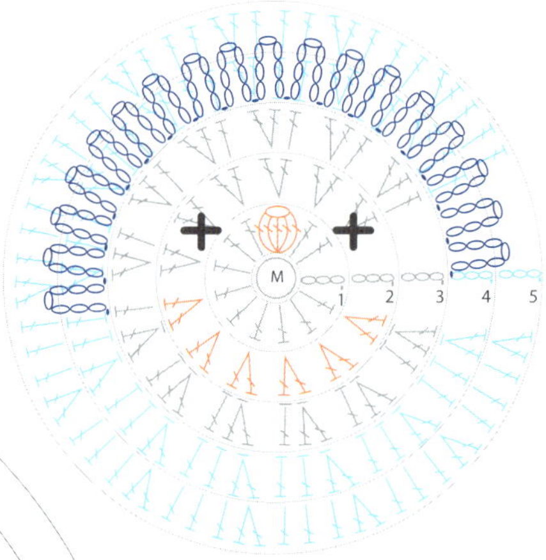

● 얼굴 ●

● 머리카락 ●

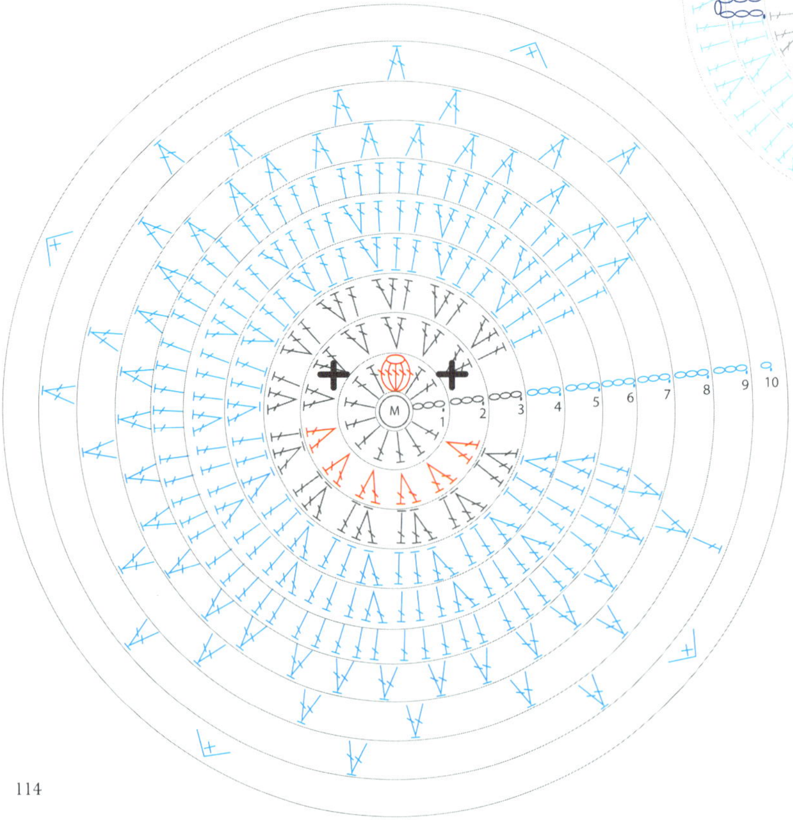

곰돌이 샤워볼 ★★☆ p.33

"가벼우면서도 풍성한 거품이 나는 샤워볼입니다".

designed by **지혜로운사자**

만드는 법

① 매직링으로 시작합니다.
② 1단부터 12단까지는 곰돌이 얼굴 부분입니다. 늘림과 평단, 줄임에 주의하며 떠주세요.
③ 12단까지 뜬 뒤 실을 끊어 정리하고 곰돌이 귀 부분을 떠줍니다.
④ 곰돌이 눈과 코도 스티치 해주세요.
⑤ 곰돌이 얼굴 부분을 빵빵하게 유지하고 싶다면 이때 자투리실을 넣어주시면 좋아요.
⑥ 실을 변경하여 루프뜨기로 20단까지 떠주면 됩니다.

재료

실	웰빙샤워세미 2, 6, 22
바늘	모사용 10/0호
완성 사이즈	밑면 지름 11cm, 높이 14cm

POINT 루프를 느슨하게 떠주면 더 풍성한 샤워볼을 완성할 수 있어요.

● 곰돌이 귀 ●

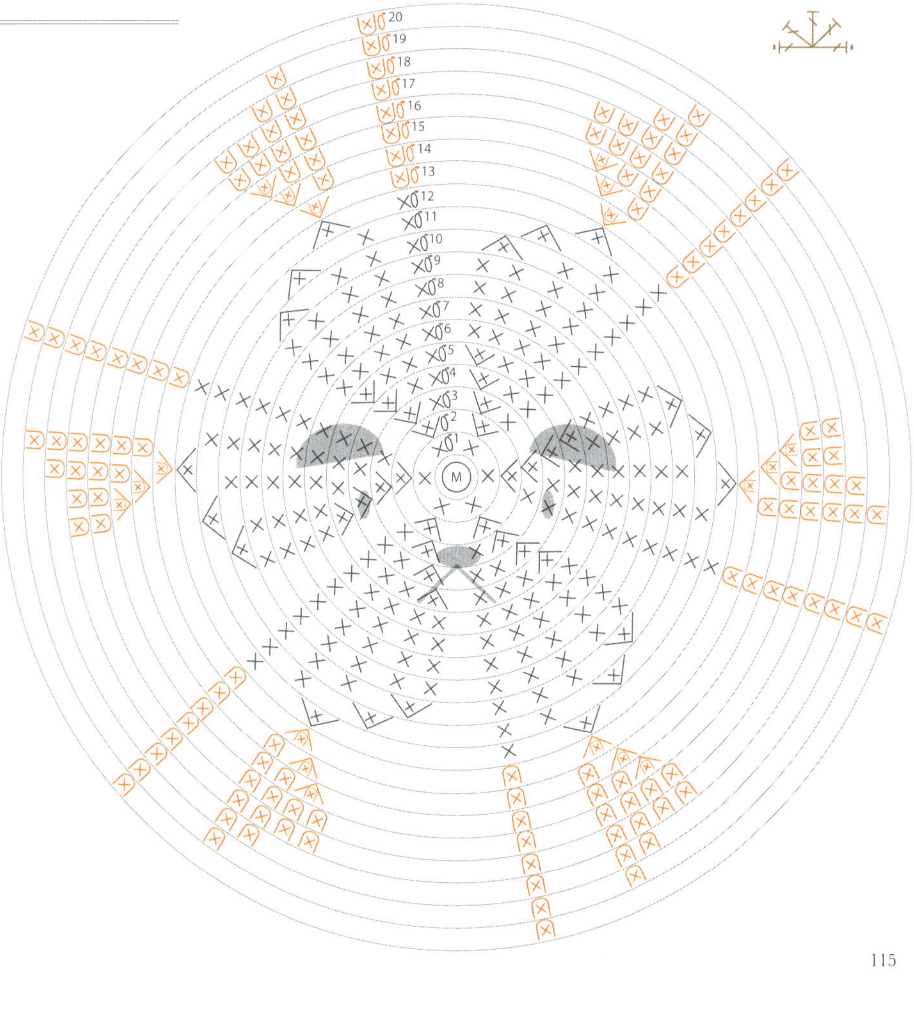

꿀벌 주머니 ★☆☆ p.34

"비누나 방향제 등을 넣어 사용할 수 있어요."

designed by **지혜로운사자**

만드는 법
① 매직링으로 시작합니다.
② 6단까지는 단마다 색을 변경하며 코 늘림에 유의하며 떠주세요.
③ 7~9단은 노란색으로 코 늘림 없이 떠줍니다.
④ 9단까지 뜬 후 실을 정리하고 납작하게 접어 대칭으로 5단과 6단에 날개를 떠줍니다.
⑤ 사슬코 약 40개를 잡아 끈을 뜨고 9단 사이사이 통과시킨 후 끝부분을 묶어주면 완성입니다.

재료
실	웰빙샤워세미 3, 33
바늘	모사용 10/0호
완성 사이즈	가로(몸통 중심) 9cm, 세로 12cm, 날개 길이 3.5cm

POINT 꿀벌 색상이 가장 큰 포인트입니다. 색 변경에 신경 쓰며 떠주세요.

● 날개 ●

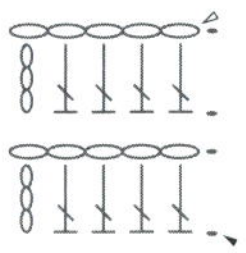

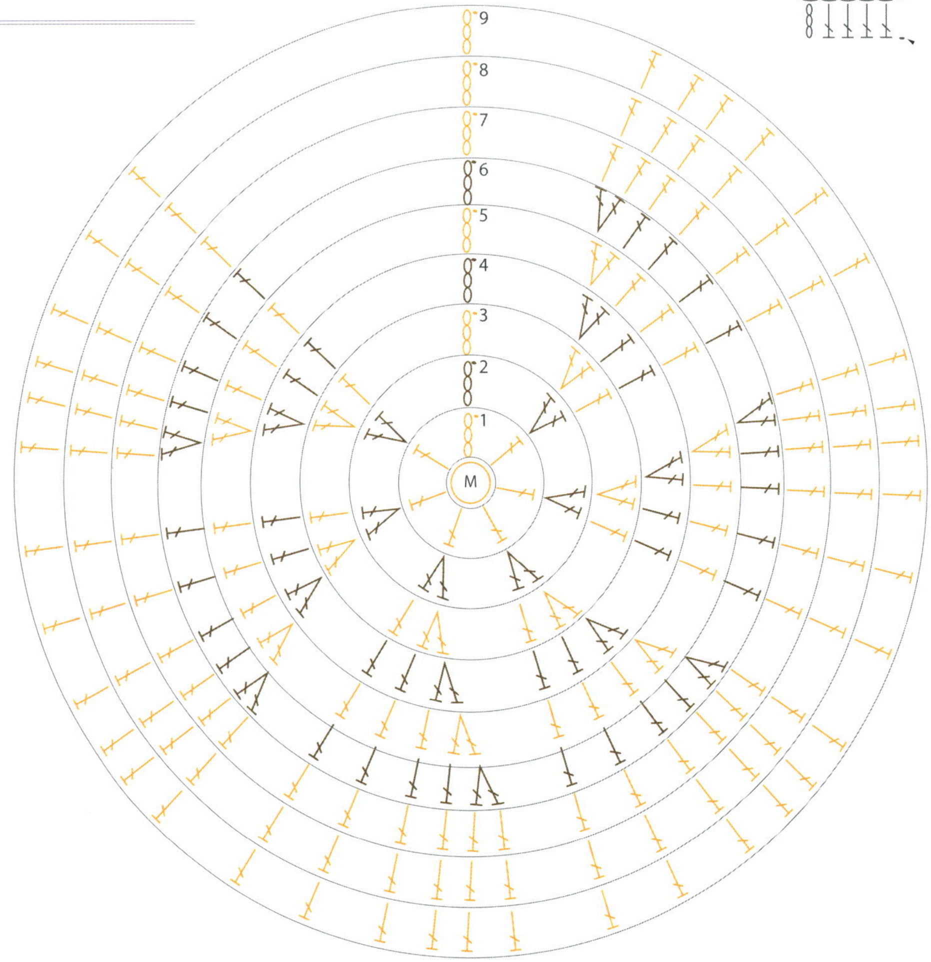

바둑이 핸드타월 ★★☆ p.35

"귀여운 바둑이 친구를 핸드타월로 사용해보세요."

designed by **지혜로운사자**

만드는 법

① 사슬 13개를 잡아 이랑뜨기처럼 사슬의 한쪽만 잡아 한 바퀴 돌려 떠주세요.

② 코 늘림 없이 마지막 단까지 쭉 떠주세요.

* 3~5단은 배색에 신경 쓰며 떠주세요.

③ 4단의 코 부분은 색을 바꿔 긴뜨기 5코 구슬뜨기로 떠주세요.

⑥ 9단까지 뜬 뒤 실을 마무리하고 양쪽 귀를 모서리 부분에 떠줍니다.

* 귀 컬러를 무늬 색에 맞추면 훨씬 귀엽게 완성됩니다.

⑦ 눈과 코는 4단과 5단에 코를 중심으로 스티치 해줍니다.

재료

실	웰빙샤워세미 2, 32, 33
바늘	모사용 10/0호
완성 사이즈	가로 10cm, 세로 12cm, 귀 길이 6cm

POINT 발랄한 느낌이 들도록 귀를 모서리 부분에 떠주세요.

● 귀 ●

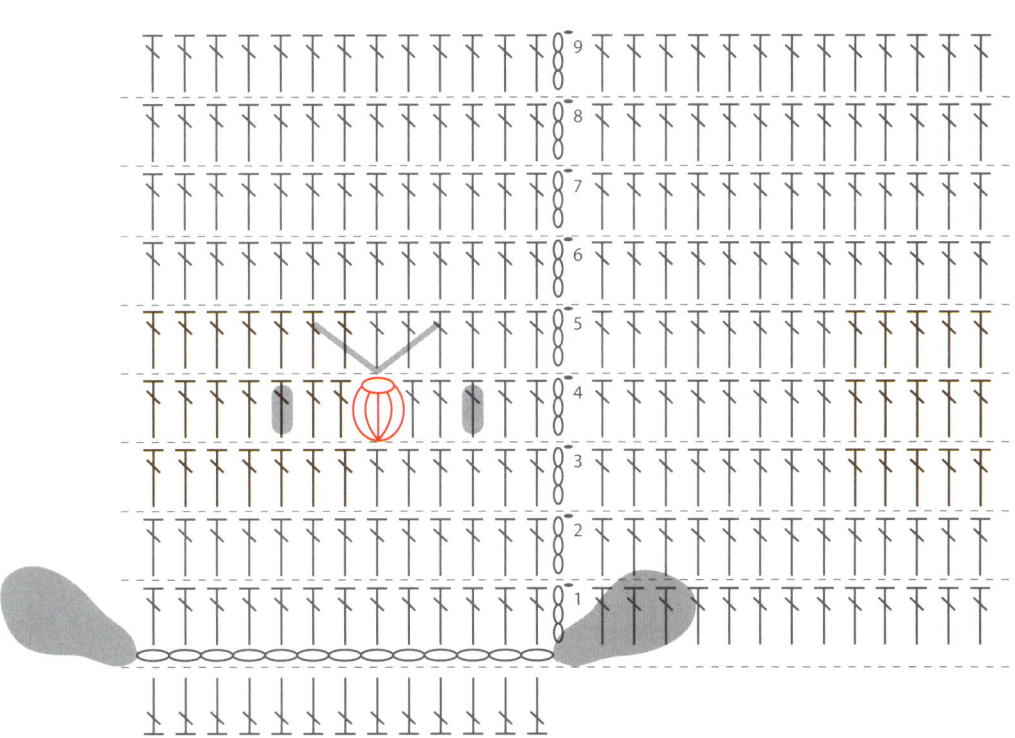

힘내요 수세미 ★★☆ p.36

"설거지할 때마다 늘 웃으며 응원해주는 귀여운 친구!"

designed by **지혜로운사자**

재료
실　　웰빙수세미 8, 24, 48, 90
바늘　모사용 6/0호
완성 사이즈　지름 12cm

POINT "파이팅"을 외치는 손 부분을 입체적으로 표현해주세요.

만드는 법
① 매직링으로 시작합니다.
② 1단의 6코는 웃는 입 모습을 위해 빨강 계열의 실로 떠줍니다.
③ 3단은 얼굴 부분을 좀 더 예쁘게 표현하기 위해 전체 이랑뜨기를 합니다. 신경 쓰며 떠주세요.
④ 4단은 몬스터의 뿔 부분을 위해 부분 배색이 있으니 주의해주세요.
⑤ 5단에서는 손 부분을 한길긴뜨기 5코 팝콘뜨기로 입체적으로 표현해주세요.
⑥ 6단까지 뜬 후 새롭게 실을 연결하여 눈을 스티치 해줍니다.
⑦ 스티치 후 다시 7단부터 줄임에 신경쓰며 떠주면 완성입니다.

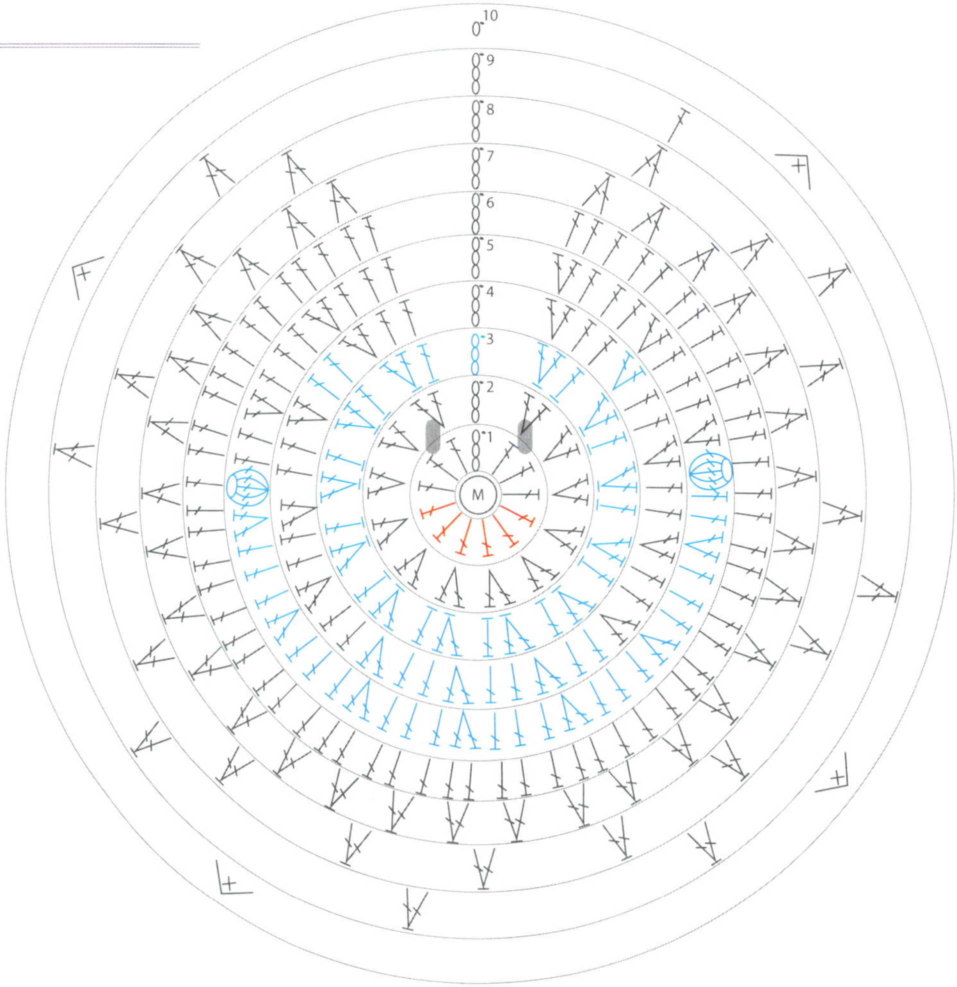

리본 카드지갑 ★☆☆ p.37

"왕리본으로 포인트를 준 사랑스러운 카드지갑"

designed by **지혜로운사자**

만드는 법

① 사슬 10개를 잡아 이랑뜨기처럼 사슬의 한쪽만 잡아 짧은뜨기로 한 바퀴 돌려 떠 총 20코를 만들어주세요.

② 겹짧은뜨기로 11단까지 떠줍니다.

③ 네 손가락에 실을 10회 이상 감은 뒤 가운데 부분을 묶어 리본을 만들어 카드 중앙 부분에 돗바늘로 연결해줍니다.

* 리본 크기는 원하는 사이즈로 조절하세요.

재료

실	웰빙샤워세미 30, 34
바늘	모사용 6/0호
완성 사이즈	가로 10cm, 세로 6cm

POINT 카드가 빠지지 않도록 카드보다 조금 작은 사이즈로 타이트하게 전체 부분을 뜬 뒤 풍성하게 리본을 만들어 중앙에 연결해서 포인트를 줍니다.

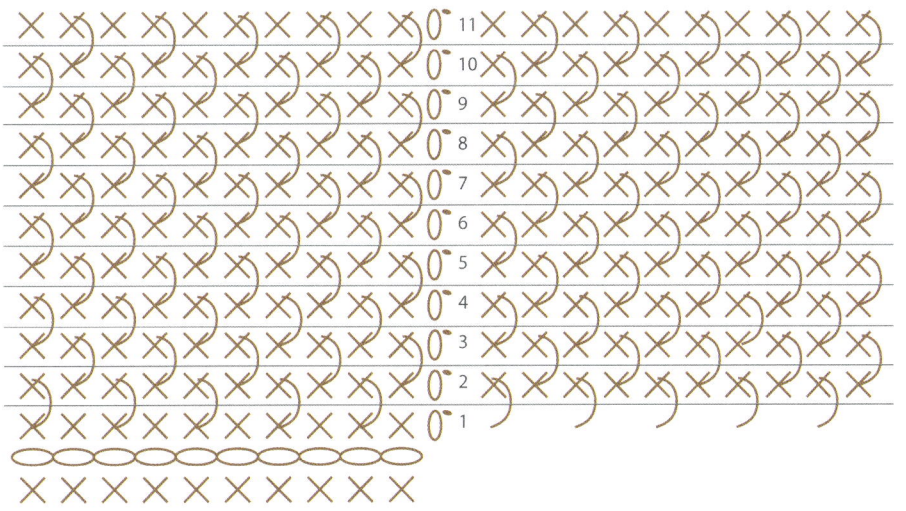

플라워 포인트 액자 ★★☆ p.38

"인테리어 액자로 다양한 공간에 활용해보세요."

designed by **지혜로운사자**

만드는 법

① 매직링으로 시작합니다.

② 루프 길이를 조금씩 다르게 하여 매단 코 늘림에 신경 쓰며 떠줍니다.

③ 6단까지 뜬 뒤 뒷면에서 스팀다리미를 이용해 스팀을 주면 완성도를 높일 수 있어요.

④ 캔버스에 글루건을 이용해 붙입니다.

* 가운데 부분에 사용하지 않는 큐빅 장식 등을 붙여 꾸며주면 더 예쁜 플라워 포인트 액자를 만들 수 있어요.

재료

실	웰빙샤워세미 5, 14
바늘	모사용 10/0호
완성 사이즈	지름 15cm(액자 크기 제외)

POINT 루프의 길이를 다양하게 하면 좀 더 풍성한 느낌으로 완성할 수 있어요. 완성 후 뒷면에 스팀을 주면 좀 더 완성도가 올라가요.

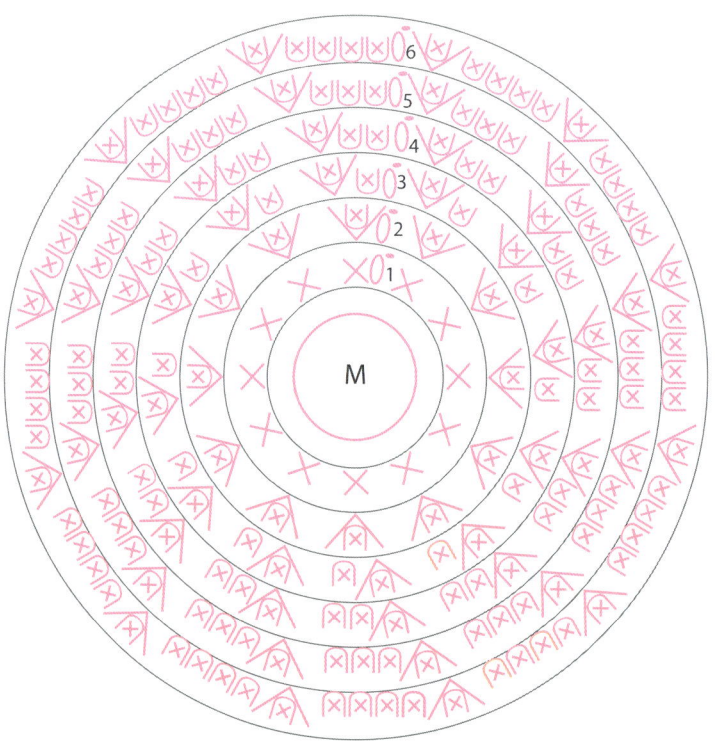

리본 수세미 ★☆☆ p.39

designed by 지혜로운사자

"네트 느낌으로 떠서 수세미, 샤워타월 등으로 활용할 수 있어요."

만드는 법

① 사슬 11개를 잡아주세요.
② 단마다 사슬 3개를 기둥코로 세우고 1코로 취급합니다. 한 코씩 건너뛰며 한길긴뜨기 1개, 사슬뜨기 1개를 반복해서 떠주세요.
③ 2단부터는 한길긴뜨기를 아래 단의 사슬을 감아뜨면 좀 더 쉽고 빠르게 뜰 수 있어요.
④ 리본을 묶기 위해 최소 60cm까지 떠주세요.
⑤ 사진을 참고하여 접어준 뒤 가운데를 꽉 묶어 리본을 만들어주세요.

재료

실	웰빙수세미 50, 77, 80
바늘	모사용 6/0호
완성 사이즈	리본 만들기 전 가로 5cm, 세로 60cm
	리본 만든 후 가로, 세로 12cm

POINT 사슬 부분에 바늘을 넣어 떠주면 좀 더 가볍고 쉽게 뜰 수 있어요. 리본으로 묶지 않고 샤워타월로도 사용이 가능해요.

● **리본 만드는 방법**

① 약 12cm정도를 앞쪽에 남긴 후 뒤로 긴 쪽을 넘겨주세요.

② 긴 쪽을 처음 접어 둔 부분처럼 길게 두고 접어 올려주세요.

③ 처음과 같이 뒤쪽으로 긴 리본을 접어 내리세요.

④ 마지막으로 앞쪽에서 접어 올리면 접는 방법은 끝이 납니다.

⑤ 위쪽에 묶을 실을 올려 가운데 부분을 꽉 묶어주세요.

⑥ 실을 정리하고 리본 모양을 잡아주면 완성입니다.

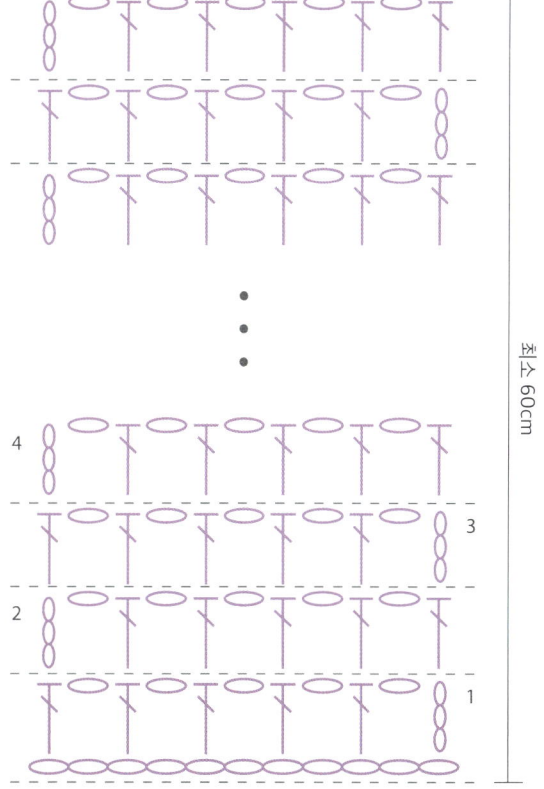

꽃받침 수세미 ★★☆ p.40

"비누 받침 또는 단면 수세미로 활용할 수 있어요."

designed by **지혜로운사자**

재료
실 웰빙샤워세미 2, 3, 4, 5, 9, 10, 11, 27, 28, 30
바늘 모사용 10/0호
완성 사이즈 지름 12cm

POINT 그러데이션 느낌의 색상들을 선택하면 더 예쁘게 만들 수 있어요.

만드는 법

① 매직링으로 시작합니다.

② 1단은 기둥코 없이 긴뜨기 3코 모으기로 시작 후 첫 코에 빼뜨기로 마무리해주세요.

③ 2단은 실 색상을 바꾼 뒤 기둥코 없이 실을 조금 길게 빼서 긴뜨기 3코 모으기로 시작해주세요.

④ 2단 마무리는 첫 코 뒤에 뜬 사슬 2개 부분에 해줍니다.

⑤ 3단도 실 색상을 바꾼 뒤 시작합니다. 사슬 3코로 기둥코를 세워줍니다. 3단은 기둥코를 1코로 취급해줄 거예요. 2단의 사슬 2코 부분에 한길긴뜨기 6코를 떠준 뒤 사슬 1코를 떠주고 첫 번째 코(사슬 3코)에 한길긴뜨기 1코를 떠서 묶는 느낌으로 입체감을 만들어주세요.

⑥ 4~6단은 레이스 느낌이 나도록 같은 색 실을 사용하여 떠주세요.

⑦ 4단은 3단의 한길긴뜨기 부분에 짧은뜨기 5코씩을 떠줍니다.

⑧ 5단은 짧은뜨기 2코 모으기를 반복해주고, 6단은 기둥코 없이 바로 사슬 3코를 뜬 뒤 다음 코에 빼뜨기하는 방식으로 뜬 뒤 시작 부분에서 빼뜨기로 마무리해주세요.

하트 크로스백 ★★☆ p.41

"입체 하트 모양이 사랑스러운 크로스백으로 작은 소품을 넣어 다니기 좋아요."

designed by 지혜로운사자

재료

실	웰빙샤워세미 14
바늘	모사용 10/0호
완성 사이즈	가로 14cm, 세로 16 cm, 끈 100cm

POINT 매단 기둥코를 세우지 않고 바로 무늬를 떠주세요. D링을 이용해서 끈을 연결해주면 좀 더 활용도가 높아요.

만드는 법

① 사슬 17개를 잡아 이랑뜨기처럼 사슬의 한쪽만 잡아 짧은뜨기로 한 바퀴 돌려 떠줍니다. 양쪽 마지막 코에는 2코 늘리기를 해서 총 36코를 만들어주세요.

② 모든 단은 기둥코를 세우지 않고 실을 조금 여유 있게 끌고 나와 무늬를 바로 시작해줍니다.

③ 2단은 {무늬 한 묶음, 짧은뜨기 2코 건너뛰기}, {무늬 한 묶음, 짧은뜨기 2코 건너뛰기}를 반복해 총 12세트의 무늬를 만들어주세요.

④ 3단 무늬부터는 아래쪽 사슬 2개 부분에 떠주세요.

⑤ 무늬 단은 총 12단을 떠주세요.

⑥ 마지막 14단은 사슬 1코를 기둥코로 세우고 아랫단 사슬 2코 부분에 짧은뜨기 2코, 무늬 사이에 짧은뜨기 1코를 반복한 뒤 첫 코에 빼뜨기 후 마무리합니다.

* 끈은 새우뜨기로 뜨거나 가죽 끈을 연결해주세요. D링을 이용하면 다양한 끈을 활용할 수 있어요.

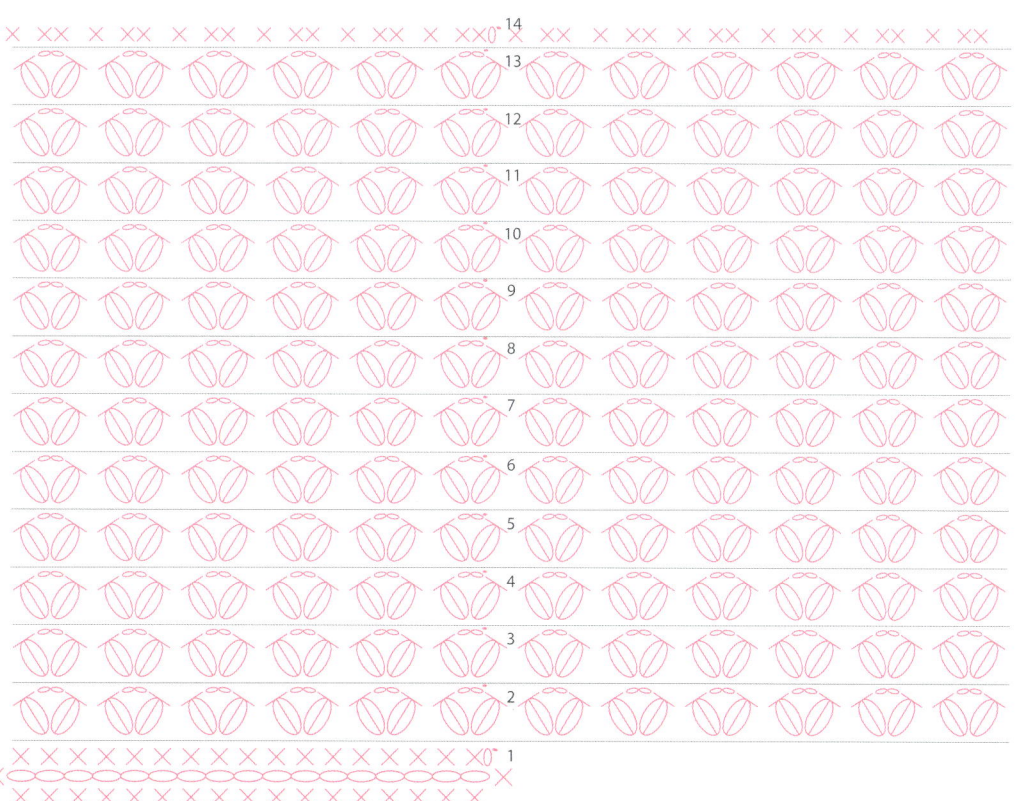

헹굼용 달걀 프라이 수세미 ★☆☆ p.46

"볼록한 노른자로 입체감 있는 귀여운 달걀 프라이 수세미예요."

designed by **코핸니트**

재료

실　　　웰빙샤워세미 2, 3
바늘　　모사용 9/0호
완성 사이즈　지름 14cm

만드는 법

● 노른자

① 매직링을 만들어 짧은뜨기 8코를 떠주세요.
② 도안을 따라 코 늘림에 주의하며 떠주세요.

● 흰자

① 도안을 참고로 정해진 위치에 {한길긴뜨기 1코, 사슬뜨기 1코, 한길긴뜨기 1코}를 10회 반복합니다.
② 도안대로 6~7단을 만듭니다.

POINT 짧은뜨기로 볼록하고 노른자를, 코를 걸러 성글게 흰자를 표현해봤어요.

헹굼용 식빵 수세미 ★☆☆ p.46

"달걀 프라이에 식빵이 빠질 수 없죠!"

designed by **코핸니트**

재료
실	웰빙샤워세미 2, 32
바늘	모사용 9/0호
완성 사이즈	가로 11cm, 세로 15cm

POINT 주방에서는 헹굼용 수세미로, 재미있는 공간을 연출하고 싶을 때는 인테리어 소품으로 사용해보세요.

만드는 법

● 몸통

① 사슬 15개를 만든 후 한길긴뜨기, 사슬뜨기, 한길긴뜨기를 반복합니다.

② 몸통을 돌려 한길긴뜨기, 사슬뜨기, 한길긴뜨기를 반복하여 7단까지 만듭니다.

③ 도안을 참고하여 두길긴뜨기와 사슬뜨기로 식빵 윗부분을 만들고 빼뜨기로 가운데를 고정한 뒤 다시 두길긴뜨기와 사슬뜨기로 나머지 식빵 윗부분을 표현해 줍니다.

④ 같은 방법으로 총 2장을 만듭니다.

● 테두리

① 몸통 2장을 겹친 뒤 긴뜨기와 짧은뜨기로 둘러줍니다.

＊ 테두리는 손의 장력을 살짝 느슨하게 하여 떠줍니다.

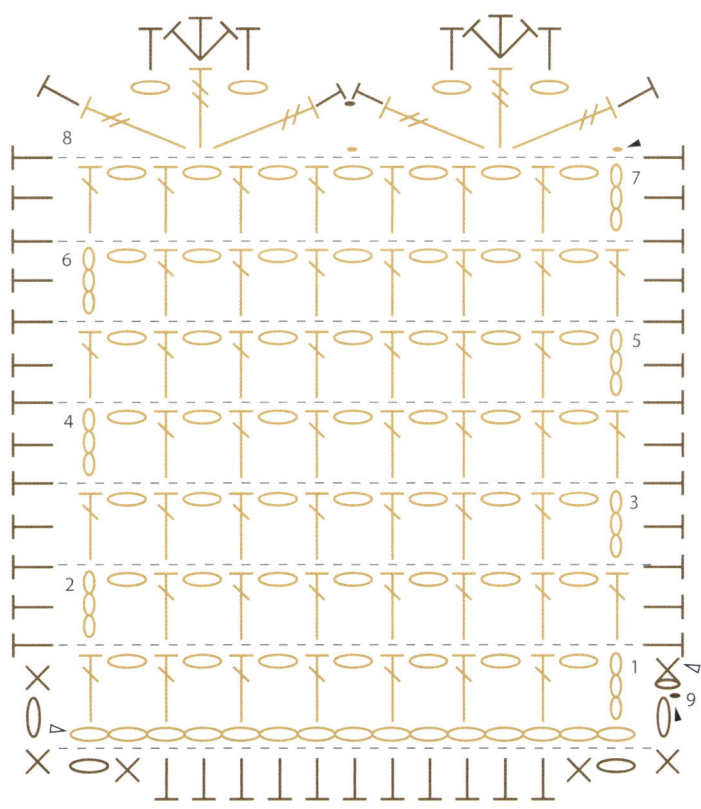

플라워 원형 휴지 케이스 ★☆☆ p.48

"손 닿는 곳마다 놓여 있는 휴지에 예쁜 옷을 입혀주세요."

designed by **코핸니트**

재료
실　　웰빙샤워세미 2, 5, 8, 30
바늘　모사용 9/0호
완성 사이즈　밑면 지름 13cm, 높이 10cm

POINT 앞걸어 한길긴뜨기로 휴지 케이스의 무늬를 표현해보세요. 크기에 맞는 원통 케이스를 안에 넣어주면 휴지를 다 써가도 모양이 유지됩니다.

만드는 법

● 몸통
① 원형으로 사슬뜨기 48코를 만든 후 사슬코에 한길긴뜨기 48코로 둘러줍니다.
② 한길긴뜨기 1코, 앞걸어 한길긴뜨기 1코를 반복해서 8단까지 만듭니다.
③ 9단은 도안대로 짧은뜨기와 사슬뜨기를 반복해서 만듭니다.

● 뚜껑
① 원형으로 사슬뜨기 21코를 만듭니다.
② 사슬코에 한길긴뜨기와 한길길뜨기 2코 늘리기를 반복합니다. 마지막 코는 한길긴뜨기 2코 늘리기이니 주의하세요!
③ 3단의 빼뜨기를 몸통 9단 사슬 부위에 연결해줍니다.

● 꽃 장식
① 원형으로 사슬 16코를 만든 후, 한길긴뜨기 2코 늘리기를 반복합니다.
② 도안과 같이 빼뜨기로 꽃 모양을 만들어줍니다.
③ 꽃과 같은 색상의 여분의 실로 휴지 뚜껑에 꽃이 들뜨지 않게 고정해줍니다.

● 꽃 장식 ●

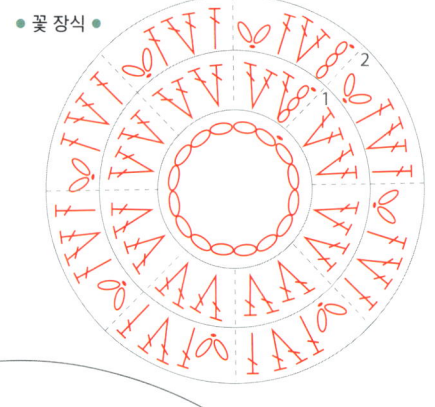

● 몸통 ●

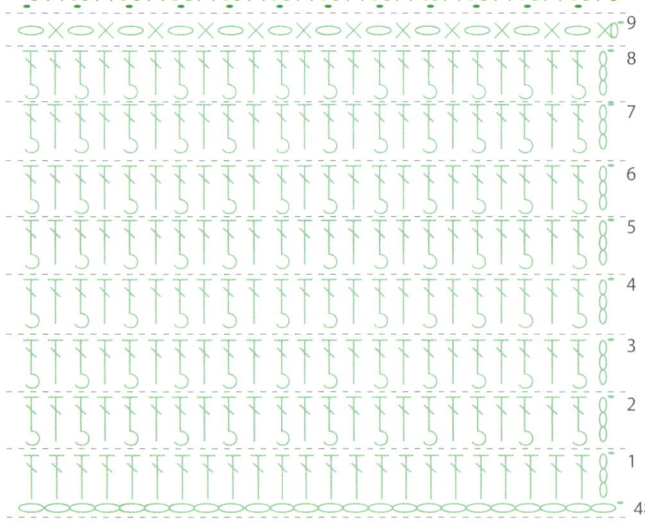

● 뚜껑 ●

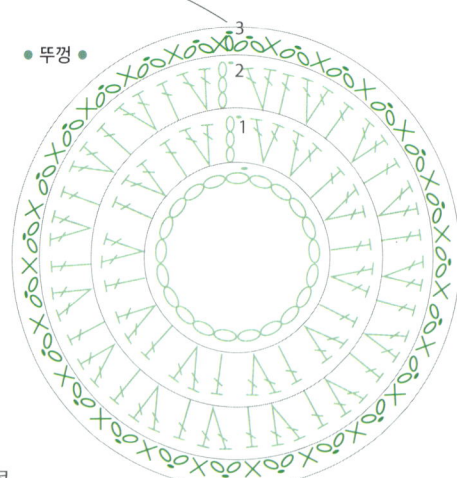

튤립 미니 가방 ★☆☆ p.49

"물에 젖어도 걱정 없는 미니 가방입니다."

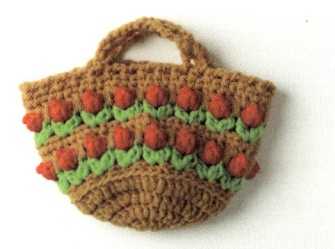

designed by **코핸니트**

재료

실 웰빙샤워세미 4, 8, 20, 28, 31, 32
바늘 모사용 9/0호
완성 사이즈 밑면 지름 13cm, 높이 10cm,
손잡이 길이 13cm

POINT 입체감이 도드라지는 튤립이 앙증맞아요. 실이 두툼해서 몇 코 뜨지 않아도 금세 볼륨감이 살아나요.

만드는 법

● **원형 바닥**

① 매직링에 한길긴뜨기 12개를 만든 후 도안대로 4단을 만듭니다.

② 이랑 짧은뜨기로 48개를 만듭니다.

● **튤립(잎사귀 & 꽃잎)**

① 한길긴뜨기 2코 구슬뜨기로 잎사귀를 만듭니다.

② 한길긴뜨기 4코 팝콘뜨기로 꽃잎을 만듭니다.

● **몸통과 손잡이**

① 8단의 한길긴뜨기는 6단 잎사귀 사이에 걸쳐 만듭니다.

② 도안을 잘 숙지하여 편물을 돌려가며 양쪽으로 손잡이를 만듭니다.

※ 좀 더 크게 만들고 싶으면 단을 더 올려 만들어주세요.

● 원형 바닥 ●

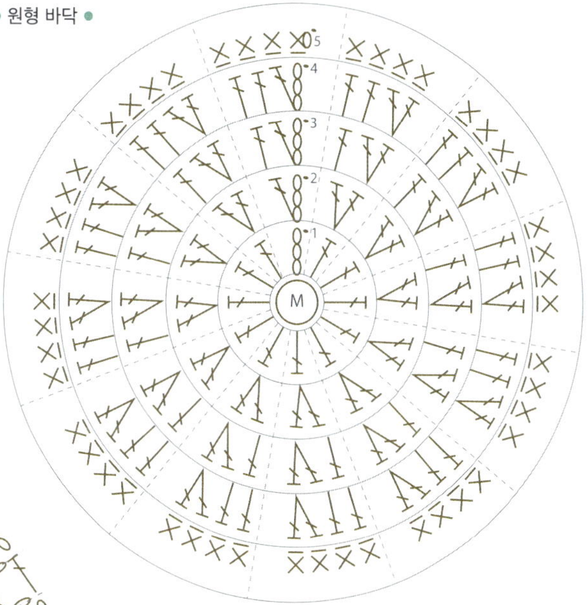

● 몸통과 손잡이 ●

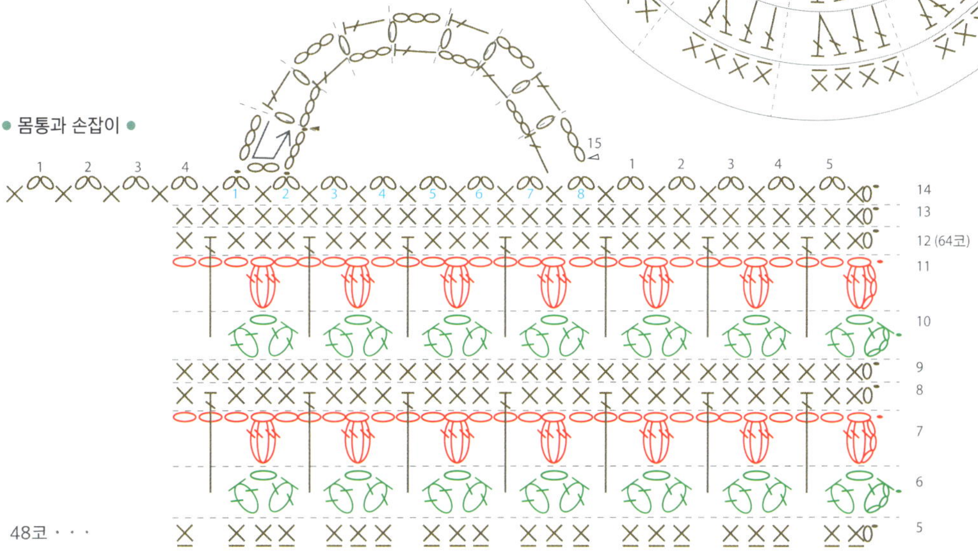

선인장 병솔 수세미 ★☆☆ p.50

"편물이 단단하고 만들기 쉬운 병솔 수세미입니다."

designed by **코핸니트**

만드는 법

① 갖고 있는 병솔에 맞춰서 짝수의 사슬코로 원형코를 만듭니다.
② 사슬코에 한길긴뜨기를 떠줍니다.
③ 병솔 높이에 맞춰 한길긴뜨기와 앞걸어 한길긴뜨기를 반복해서 만듭니다.
④ 도안을 참고하여 꽃을 만듭니다.
⑤ 꽃잎이 예쁘게 다물어지도록 꽃과 같은 색상의 실로 꽃잎 사이사이로 끈을 통과한 후 최대한 당겨 오므린 상태로 고정합니다.

재료

실　　웰빙샤워세미 2, 8, 12, 19
바늘　모사용 9/0호
완성 사이즈　밑면 6.5cm, 높이 11cm(병솔 길이 제외)

POINT 벗겨지지 않도록 병솔에 딱 맞게 만들어 주세요!

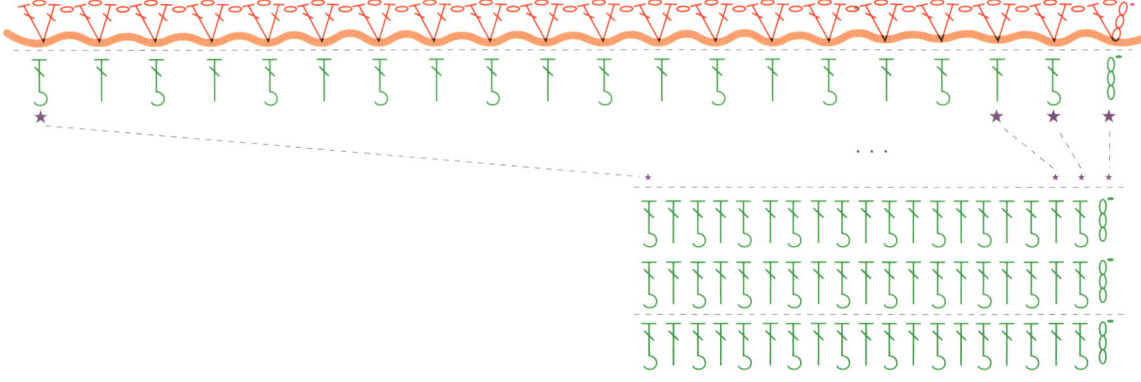

갖고 있는 병솔에 맞춰서 둘레와 높이를 정해주세요.

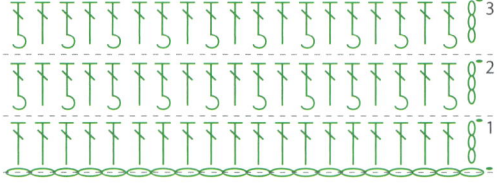

미니 달걀 바구니 ★★☆ p.51

"뜨개로 포장한 달걀. 작지만 특별한 선물이랍니다."

designed by **코핸니트**

만드는 법
① 도안을 참고하여 닭과 병아리로 만듭니다.
② 1단 양쪽 코너는 사슬 구멍이 넓어지지 않도록 사슬코의 나눠진 실 가닥을 잘 이용하여 만듭니다.
③ 4단부터는 편물을 돌려가며 올려줍니다.
④ 새로운 실로 양쪽 날개를 만듭니다.
⑤ 도안을 참고하여 지름 8mm 눈을 달아줍니다.
⑥ 도안을 참고하여 부리를 만듭니다.

※ 닭의 볏은 도안을 참고하여 6단 빼뜨기에서 시작해 5단 한길긴뜨기 기둥에 마무리합니다.

재료
실　　　　웰빙샤워세미 1, 4, 7, 8
추가 준비물　지름 8mm 눈알
바늘　　　　모사용 9/0호
완성 사이즈　옆면 길이 9cm, 높이 6~9cm

POINT 달걀 외에 작은 소품 바구니로도 좋아요.

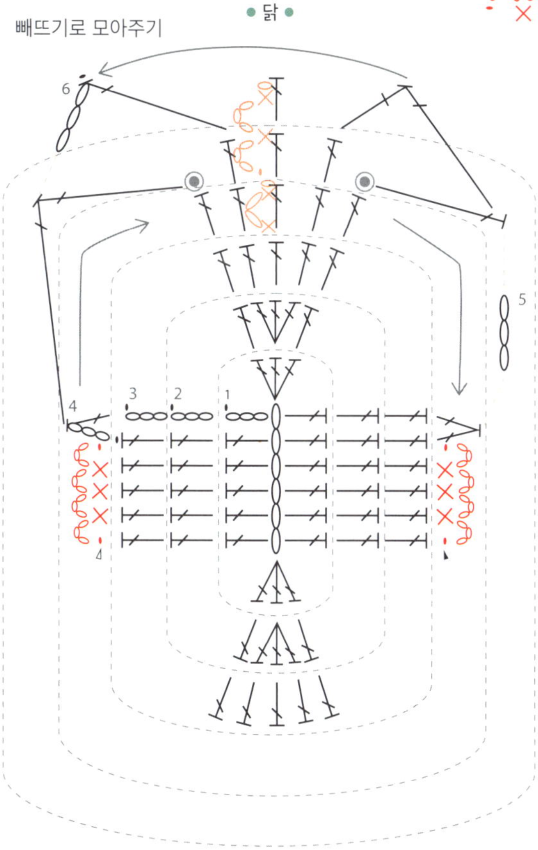

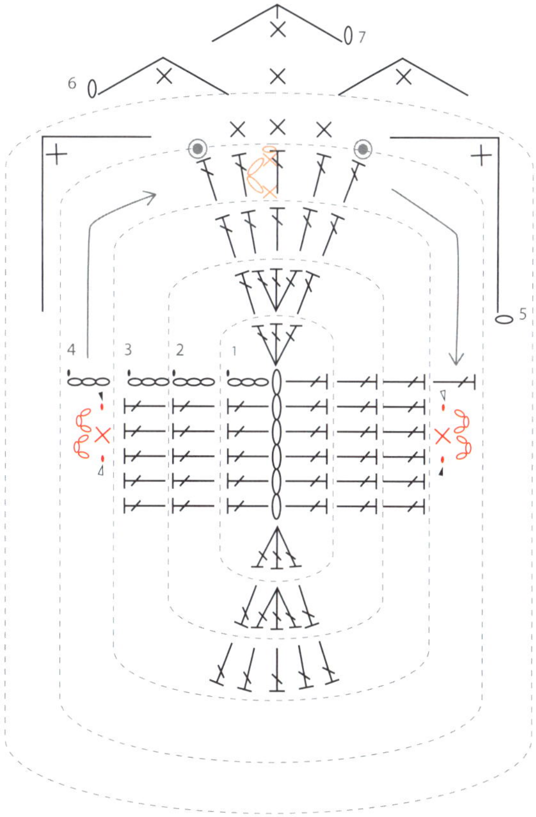

루돌프 세안밴드 ★★☆ p.52

"크리스마스 분위기를 낼 수 있는 소품이랍니다."

designed by **코핸니트**

재료
실	웰빙샤워세미 1, 8, 34
바늘	모사용 9/0호
완성 사이즈	밴드 길이 46cm, 밴드 너비 3cm, 뿔 높이 5cm

POINT 빨간색 실을 사용하면 이상하게 크리스마스 분위기가 살아나요! 뿔 안에 실만 넣어도 통통하더라고요! 자투리 실을 넣어 활용해보세요.

만드는 법

● 세안밴드

① 도안을 참고하여 머리 둘레에 맞춰 너비(4~6코)와 단수(성인 약 30단)를 조절하여 세안밴드를 만듭니다.

※ 늘어날 것을 대비해 머리 둘레에 딱 맞거나 살짝 작게 만들어주세요.

● 루돌프 뿔

① S 사이즈 1~5단 갈색, L 사이즈 1~6단 갈색을 만든 후 합쳐 7~9단 흰색, 10단 빨간색으로 만듭니다.

② S와 L 연결 시 가운데 1코씩 총 2코는 연결하지 않고 비워줍니다(도안 참고).

③ 빼뜨기한 부분이 앞에서 보이지 않도록 뒤쪽으로 배치하여 뿔끼리 이어줍니다.

④ 세안밴드를 머리에 착용하고 루돌프 뿔을 달 위치를 표시합니다.

⑤ 루돌프 뿔은 흰색 실로 세안밴드와 고정합니다.

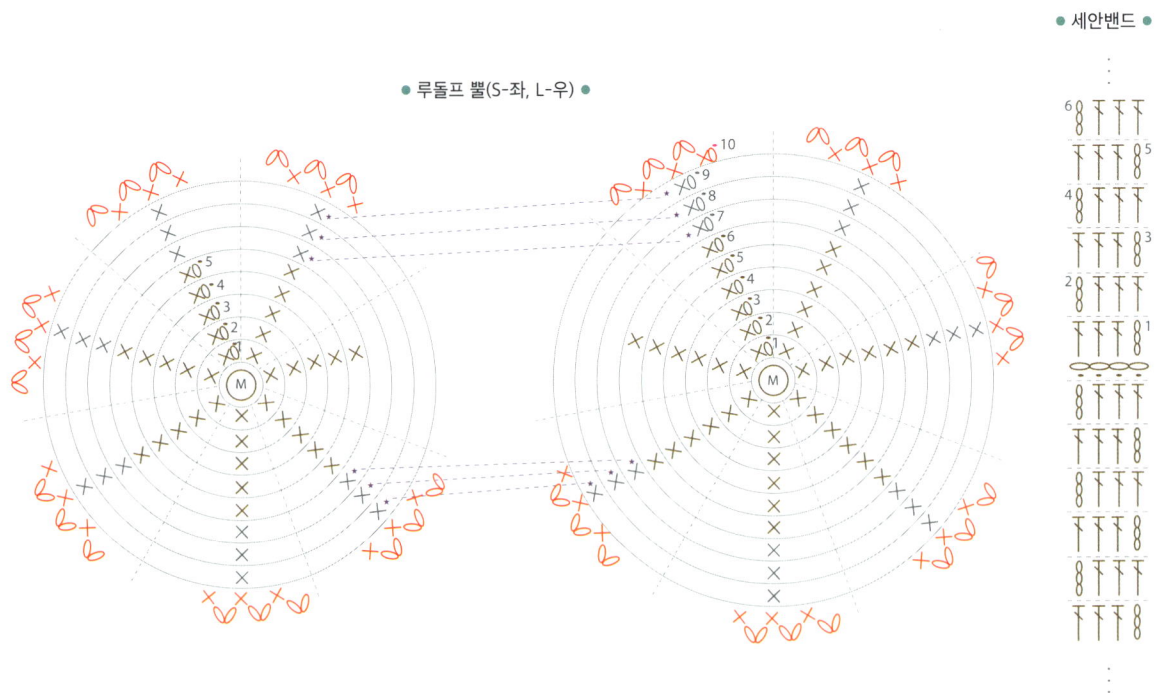

● 루돌프 뿔(S-좌, L-우) ●

● 세안밴드 ●

곰돌이 세안밴드 ★☆☆ p.53

"소소한 행복을 줄 수 있는 디자인을 고민하다 만들게 되었어요."

designed by 코핸니트

재료

실	웰빙샤워세미 1, 32
바늘	모사용 9/0호
완성 사이즈	밴드 길이 50cm, 밴드 너비 3cm, 귀 높이 4cm

POINT 동글동글한 귀를 달 위치를 잘 잡아주세요!

만드는 법

● 세안밴드
① 도안을 참고하여 머리 둘레에 맞춰 너비(4~6코)와 단수(성인 약 30단)를 조절하여 세안밴드를 만듭니다.

✻ 늘어날 것을 대비해 머리 둘레에 딱 맞거나 살짝 작게 만들어주세요.

● 곰돌이 귀
① 도안을 참고하여 곰돌이 귀 2개를 완성합니다.
② 세안밴드를 접어 가운데에서 3cm 정도 떨어진 위치에 양쪽으로 곰돌이 귀를 고정시킵니다

● 세안밴드 ●

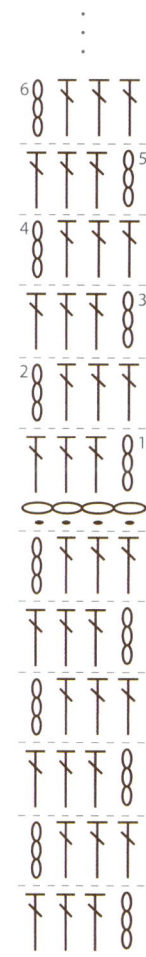

● 곰돌이 귀 ●

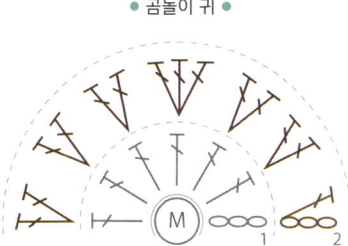

병아리 세안밴드 ★☆☆ p.54

"온가족이 귀여워할 수 있는 캐릭터를 찾다 만들게 되었어요."

designed by **코핸니트**

재료
실　웰빙샤워세미 1, 4, 7, 8
바늘　모사용 9/0호
추가 준비물　지름 8mm 눈알
완성 사이즈　밴드 길이 50cm, 밴드 너비 3cm, 높이 6cm

POINT 엄마는 닭, 아이는 병아리 세안 밴드! 세안하는 시간이 기다려질 거예요.

만드는 법

● 세안밴드
① 도안을 참고하여 머리 둘레에 맞춰 너비(4~6코)와 단수(성인 약 30단)를 조절하여 세안밴드를 만듭니다.
✽ 늘어날 것을 대비해 머리 둘레에 딱 맞거나 살짝 작게 만들어주세요.

● 병아리
① 도안을 참고하여 몸통과 날개, 부리를 만듭니다.
② 완성된 부리와 같은 색상의 실로 짧은뜨기 반 코 사이로 실을 통과하여 몸통에 연결합니다(〈사진 1〉 참고).
③ 몸통 양쪽에 날개를 달아줍니다.
④ 몸통이 찌그러지지 않도록 살피면서 세안밴드에 고정시킵니다.

〈사진 1〉

● 리본(볏) ●

● 날개 ●

● 부리 ●

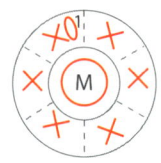

● 몸통 ●

● 세안밴드 ●

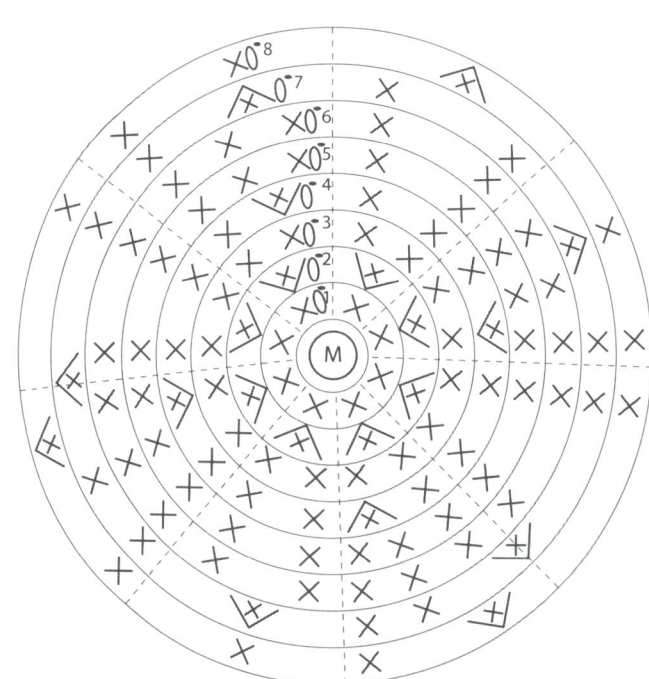

개구리 세안밴드 ★★☆ p.55

"개구리의 커다란 눈동자가 초롱초롱하게 빛나는 모습을 표현해봤어요."

designed by **코핸니트**

재료

실	웰빙샤워세미 2, 19, 33
바늘	모사용 9/0호
완성 사이즈	밴드 길이 50cm, 밴드 너비 3cm, 눈 지름 5cm

POINT 개구리 눈 위치에 따라서 표정이 달라지는 것 같아요! 마음대로 위치를 바꿔서 달아보세요!

만드는 법

● 세안밴드
① 도안을 참고하여 머리 둘레에 맞춰 너비(4~6코)와 단수(성인 약 30단)를 조절하여 세안밴드를 만듭니다.

＊ 늘어날 것을 대비해 머리 둘레에 딱 맞거나 살짝 작게 만들어주세요.

● 개구리 눈
① 도안대로 개구리 눈 2개를 완성합니다.
② 세안밴드를 접어 가운데에서 2cm 정도 떨어진 위치에 양쪽 개구리 눈을 6코씩 고정시킵니다.
③ 양쪽 개구리 눈의 같은 위치에 흰색 실로 눈동자 빛을 표현해줍니다.

● 세안밴드 ●

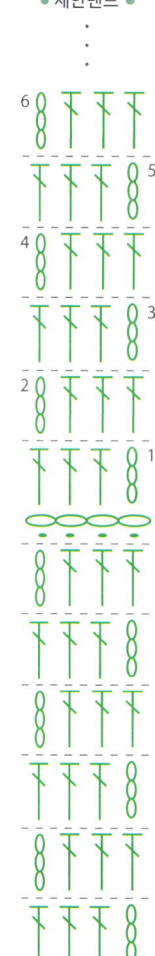

● 개구리 눈 ●

133

리본 자수 수세미 ★☆☆ p.66

"리본을 모티브로 만든 귀여운 수세미랍니다."

designed by **소냐티**

재료

실	웰빙컬러풀 1, 4
	웰빙샤워세미 5, 23
바늘	모사용 4/0호
완성 사이즈	지름 10cm

POINT 리본을 미리 만들어둘 때 중간을 잘 묶고 벌려야 모양이 예쁘게 나와요. 실을 많이 감을수록 풍성한 리본이 만들어지고, 적게 감을수록 깔끔한 리본이 만들어 집니다.

만드는 법

● **리본**

① 웰빙샤워세미로 리본을 미리 만들어둡니다.

〈작은 리본〉 손가락 3개를 사용해서 5~7회 감아 웰빙수세미실로 가운데 부분을 묶습니다.

〈큰 리본〉 손가락 4개를 사용해서 8~10회 감아 웰빙수세미실로 가운데 부분을 묶습니다.

＊ 실을 예쁘게 펴주면 좀 더 풍성한 리본을 만들 수 있습니다.

● **본체**

① 매직링으로 시작합니다. 사슬 3개로 기둥코를 세우고 한길긴뜨기 11개를 떠줍니다.

② 기둥코를 세우고 같은 곳에 한길긴뜨기를 해줍니다. 다음 코(첫 번째 별 부분)에 한길긴뜨기 2코 늘리기를 할 때 작은 리본을 올리고 한꺼번에 떠줍니다.

③ 3단도 도안대로 뜹니다. 두 번째 별 부분에 큰 리본을 대고 통째로 떠줍니다.

④ 4단부터는 도안과 같이 진행합니다. 8단부터 코를 줄여나갑니다.

＊ 빵빵한 호빵을 원한다면 코를 줄이기 전에 6단을 한 번 더 반복해 떠주세요.

★1 작은 리본 다는 위치
★2 큰 리본 다는 위치

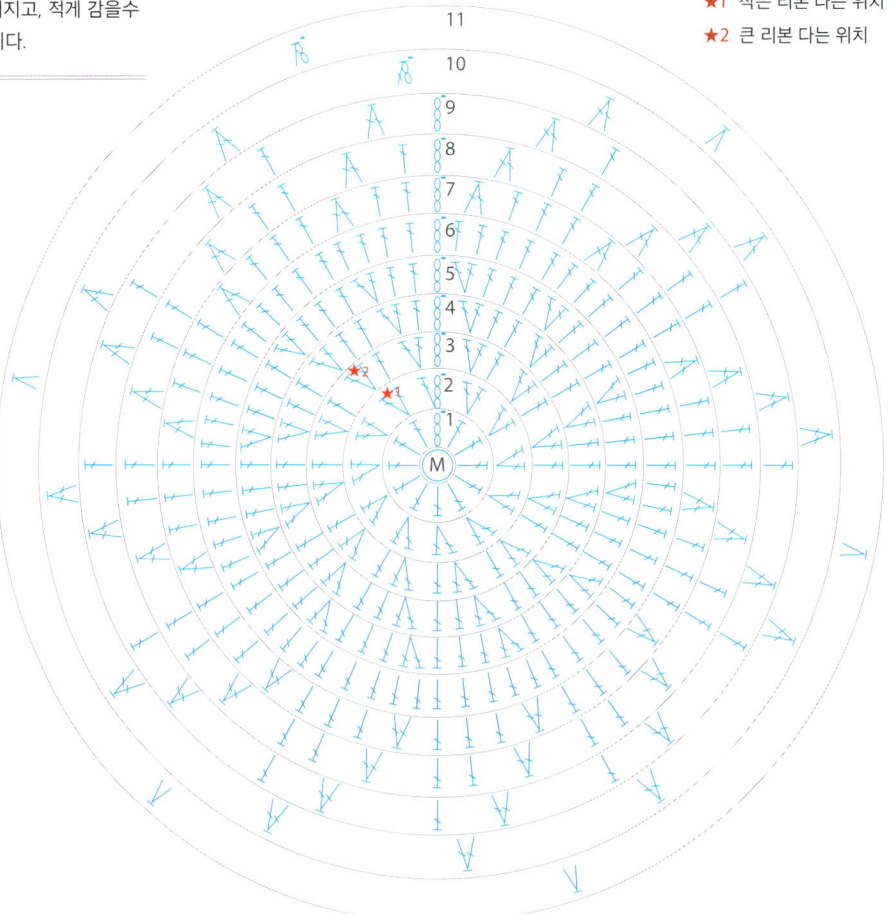

웰라인 드레스 ★★☆ p.65

"웰빙샤워세미의 느낌을 살려 우아한 시스루 드레스를 만들었어요."

designed by 소냐티

재료
실   웰빙수세미 1
       웰빙샤워세미 23, 27
바늘   모사용 5/0호
완성 사이즈 밑단 10cm, 높이 10cm (고리 미포함)

POINT 10단 러플이 포인트예요. 한길긴뜨기 5코 늘리기를 9단의 앞걸어 짧은뜨기 앞, 뒤에 해주세요. 마지막에 웰빙샤워세미로 바느질을 해 줄 때, 안에서부터 잘 펴서 밖으로 빼주세요. 웰빙샤워세미가 잘 펴져 있어야 드레스가 풍성하게 보이거든요.

만드는 법

● 드레스
① 실을 20cm 정도 남기고 사슬 10개를 만들어 원형으로 연결합니다.
② 1단에서 기둥코를 세우고 도안대로 뜹니다. 피코뜨기로 팔 부분을 만듭니다.
③ 2단부터는 팔 부분을 건너뛰고 몸통 부분에만 10단까지 도안과 같이 만들어줍니다.
* 고리를 만들고 싶다면 처음에 남긴 20cm의 실로 하트 부분(♥)에 사슬 10개로 만드세요.

● 드레스 장식
① 웰빙샤워세미를 280~300cm 정도 잘라 돗바늘에 끼워줍니다.
* 오른쪽 손 끝에서 왼쪽 어깨까지 실을 길게 늘어뜨리면 90cm 정도 나오는데요, 이를 3번 정도 반복하면 해당 길이가 됩니다.
② 첫 번째 별표가 표시된 부분의 스커트 안에서 밖으로 바늘을 빼준 뒤 바로 위의 3단 공간 기둥에 넣어 다음 부분으로 진행합니다. 안에서부터 밖으로 계속 이어서 바느질을 해줍니다. 처음 별 부분에 돌아오면 뒤쪽에서 남은 실을 묶어 마무리합니다.
* 중간중간 웰빙샤워세미를 반듯하게 펴서 예쁘게 잡아주세요.

● 드레스 장식 ●

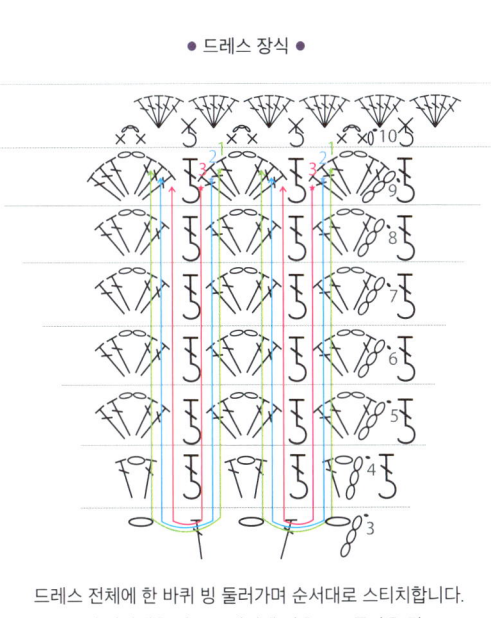

드레스 전체에 한 바퀴 빙 둘러가며 순서대로 스티치합니다.
1의 파란색을 전부 스티치해 처음으로 돌아온 뒤
2, 그리고 3의 순서로 스티치합니다.

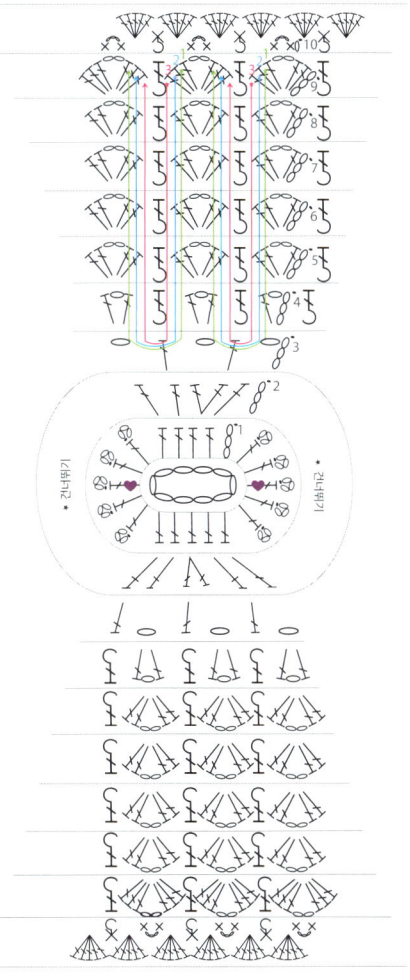

요정 드레스 ★☆☆ p.65

"벨라인 드레스에 불리온 스티치로 장식을 한 귀여운 드레스입니다."

designed by **소냐티**

만드는 법

● 드레스
① 실을 20cm 정도 남기고 사슬 10개를 만들어 원형으로 연결합니다.
② 1단은 기둥코를 만들고 도안대로 뜹니다. 팔 부분에 유의하며 만들어주세요.
③ 2단부터 10단까지 팔 부분은 건너뛰고 몸통 부분에만 도안과 같이 만들어줍니다.
✽ 고리를 만들고 싶다면 처음에 남긴 20cm의 실로 하트 부분(♥)에 사슬 10개로 만드세요.

● 드레스 장식
① 웰빙샤워세미를 280~300cm 정도로 잘라 돗바늘에 끼웁니다.
✽ 오른쪽 손 끝에서 왼쪽 어깨까지 실을 길게 늘어뜨리면 90cm 정도 나오는데요, 이를 3번 정도 반복하면 해당 길이가 됩니다.
② 만들어진 공간에 치마 밑단에서부터 허리 부분을 2회 감아줍니다. 마지막에 밑단에 바늘을 끼우고 8번을 감아 불리온 스티치를 만들어줍니다. 이를 6회 반복해줍니다.

재료

실	웰빙수세미 1 웰빙샤워세미 5, 16
바늘	모사용 5/0호
완성 사이즈	밑단 10cm, 높이 10cm (고리 미포함)

POINT 웰빙샤워세미로 입체감 있게 불리온 스티치를 해서 포인트를 주었어요.

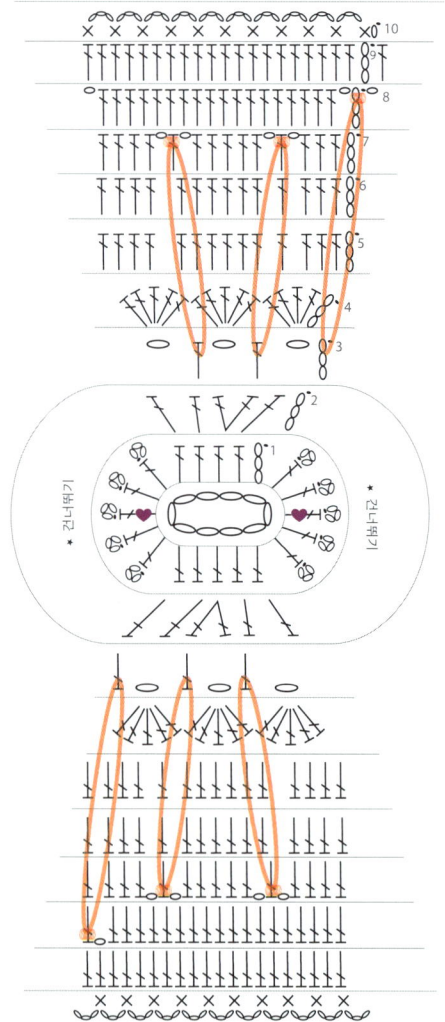

하얀 하늘꽃 ★★☆ p.61

"피코로 입체감을 준 귀여운 수세미입니다."

designed by **소냐티**

재료
실　　웰빙수세미 1
　　　웰빙컬러풀 5, 8
바늘　모사용 5/0호
완성 사이즈　지름 10cm

POINT 2단의 피코가 잘 보이도록 신경 써주세요. 그리고 마지막 러플 숫자를 위해서 6단의 54코를 잘 맞춰야 합니다.

만드는 법

① (기본색) 매직링으로 시작합니다. 도안대로 떠서 1단을 완성합니다.

② (흰색) 2단은 기둥코와 코 사이에서 시작해 도안대로 뜹니다. 피코뜨기는 한길긴뜨기 2회 뒤에 합니다.

③ (흰색) 3단은 피코를 앞으로 빼고 피코가 달린 한길긴뜨기 코를 제외한 나머지 코에 한길긴뜨기 4코 모으기를 해서 큰 팝콘을 만들어주세요. 2단의 두길긴뜨기마다 사슬 5코, 짧은뜨기, 사슬 5코를 떠줍니다.

④ (기본색) 4단은 다시 실을 바꿔 3단의 사슬을 감싼 채로 2단의 사슬에서 시작해서 도안대로 떠줍니다.

⑤ (흰색) 5단은 앞걸어뜨기를 제외한 작업을 모두 사이 코로 작업해줍니다.
흰색 실을 가져와 4단의 기둥코와 앞걸어 한길긴뜨기 사이에서 시작합니다. 중간에 2단의 두길긴뜨기 한 부분에 앞걸어 짧은뜨기를 하는 것과 4단의 앞걸어뜨기 한 부분에 앞걸어 세길긴뜨기 후 피코를 만들어주는것에 유의하세요.

⑥ (기본색) 6단은 기둥코부터 뒤걸어뜨기로 만들어줍니다. 코마다 뒤걸어뜨기를 해주고, 꽃잎 끝부분에는 4단의 앞걸어뜨기 부분에 한길긴뜨기를 2개 해줍니다. 4단 마지막 앞걸어뜨기 부분에만 한길긴뜨기를 1개만 해서 총 54코로 만들어줍니다.

⑦ (흰색) 코 기둥 면 부분을 사용해서 러플을 만들어줍니다. 6단의 기둥코 부분에 기둥코를 세우고 기둥코 면에 한길긴뜨기 2개를 해줍니다. 한 칸 띄고 짧은뜨기, 바로 다음 코 면에 한길긴뜨기 3개, 한 칸 띄고 짧은뜨기를 계속 반복해 총 18개의 러플을 만듭니다.

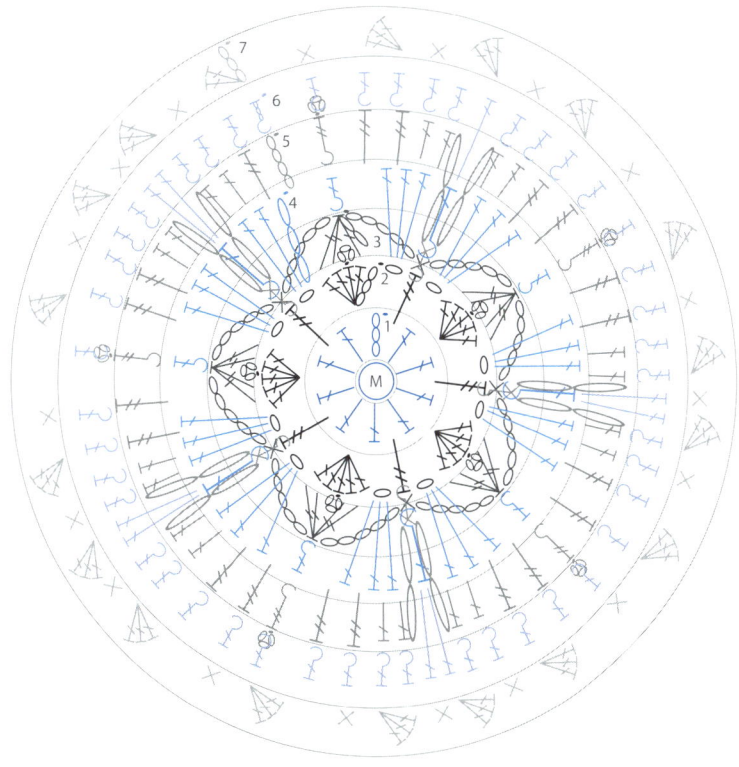

포근 구름별꽃 ★★★ p.62

"사슬 라인을 별모양으로 만들어 장식한 수세미입니다."

designed by **소냐티**

재료

실	웰빙수세미 1
	웰빙샤워세미 4, 6
바늘	모사용 5/0호
완성 사이즈	지름 10cm

POINT 사슬 엮이는 부분의 시작과 끝이 잘 맞아야 예쁘게 나옵니다. 사슬은 적당히 느슨하게 만들어 주세요. 사슬을 너무 세게 쫀쫀하게 만들면 모양이 예쁘게 나오지 않아요.

만드는 법

① (기본색) 매직링으로 시작하고, 도안과 같이 기둥코, 한길긴뜨기 9개, 총 10개를 만들어줍니다.

② (흰색) 사이 코에 작업합니다. 팝콘뜨기 가운데 코에 피코를 넣어줍니다. 사슬 1개, 다음 코와 코 사이에 두길긴뜨기, 사슬 1개, 이렇게 총 5회를 반복해줍니다.

③ (기본색) 2단의 사슬 부분에 기둥코를 세우고, 두길긴뜨기를 3회, 팝콘에 두길긴 앞걸어뜨기, 2단의 사슬에 다시 두길긴뜨기 4개, 두길긴뜨기는 건너 뛰고, 다음 사슬부터 다시 반복해줍니다.

④ (흰색) 사슬로 별 회오리 부분을 만들어줍니다(4~6단).
3단 기둥코에서 2코 뒤에서 기둥 사슬 1개, 바로 그 자리에 앞걸어 짧은뜨기, 사슬 5개, 2단의 두길긴뜨기 부분에 앞걸어 짧은뜨기, 사슬 5개, 3단의 3번째 두길긴뜨기에 도안과 같이 앞걸어 짧은뜨기, 사슬 5개를 반복해줍니다. 5단과 6단 시작코에 유의해 도안대로 떠주세요!

* 사슬을 만들 때 너무 짧게 만들면 예쁘지 않으니 사슬은 적당한 세기로 잘 늘려서 떠줍니다. 팝콘 뒤쪽 부분에서 시작해서 팝콘 위를 지나 팝콘 앞으로 오도록 만들어야 예쁜 별 모양이 만들어집니다.

⑤ (기본색) 7단은 3단의 기둥코 위에 기둥코를 만듭니다. 다음 코에 한길긴뜨기, 첫 번째 별 끝(앞걸어 짧은뜨기 부분)에 뒤걸어 한길긴뜨기, 옆에 한길긴뜨기, 다음 별 끝에 뒤걸어 한길긴뜨기, 다음 코에 한길긴뜨기, 한길긴뜨기, 마지막 별 끝에 뒤걸어 한길긴뜨기 후, 한길긴뜨기를 하고, 사이 코에 한길긴뜨기 2코 늘리기를 합니다. 다시 처음부터 한길긴뜨기, 한길긴뜨기, 별 끝에 뒤걸어 한길긴뜨기… 순으로 반복합니다. 마지막 사이 코에는 한길긴뜨기를 1개만 만들어 총 54코로 만들어줍니다.

⑥ (흰색) 코 기둥 면을 사용해서 러플을 만들어줍니다. 기둥코를 세우고 기둥코 면에 한길긴뜨기 2개를 해줍니다. 한 칸 띄고 짧은뜨기, 바로 다음 코 면에 한길긴뜨기 3개, 한 칸 띄고 짧은뜨기를 계속 반복해줍니다. 총 18개의 러플을 만드세요.

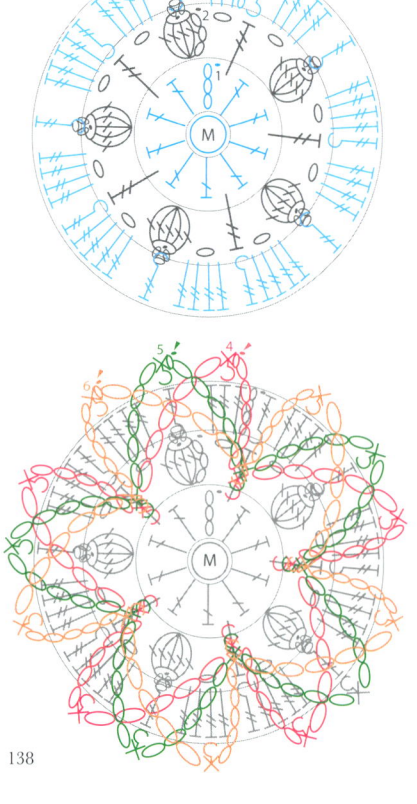

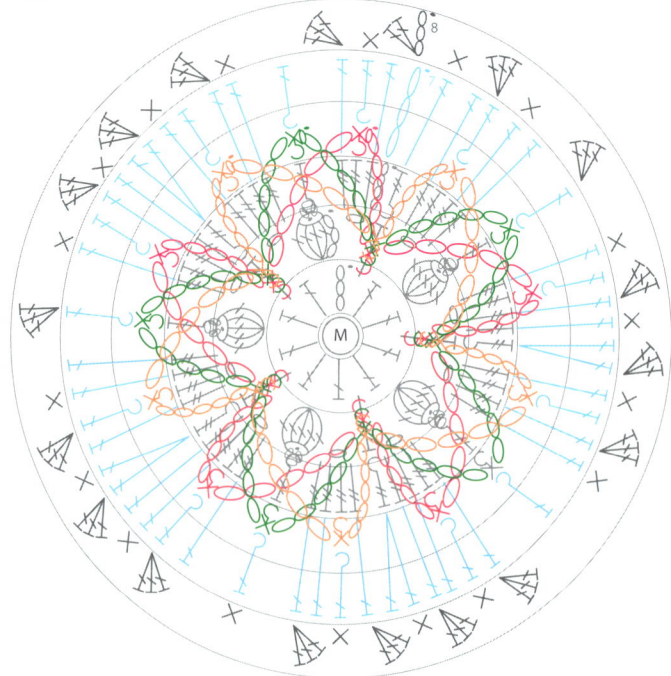

넓은 들판꽃 ★★★ p.60

"넓은 들판에 퍼져 있는 풋풋한 꽃들을 표현해봤어요."

designed by **소냐티**

재료
실	웰빙수세미 1
	웰빙컬러풀 청송 한정
	웰빙크림 10
바늘	모사용 5/0호
완성 사이즈	지름 10cm

POINT 피코가 들어간 코가 울거나 주름지지 않도록 손으로 잘 펴면서 만들어주세요.

만드는 법

① (기본색) 매직링으로 시작해 도안대로 떠주세요.

② (배색, 흰색) 2단은 실을 바꿔 1단의 사이 코에 작업합니다. 한길긴뜨기 중간 코에 피코 넣기를 반복해주세요.

③ (배색, 흰색) 같은 실로 2단 기둥코 부분에 뒤걸어뜨기로 기둥코를 만들고 도안대로 떠주세요.

＊ 2단의 피코를 꼭 확인해 앞으로 빼주세요.

④ (기본색) 3단 사슬을 감싸며 2단의 사슬 부분에 기둥코를 세워주세요. 다음 코에 앞걸어 한길긴뜨기, 2단의 사슬에 한길긴뜨기, 그 다음 피코를 앞으로 빼고 코마다 뒤걸어 한길긴뜨기를 해줍니다. 도안과 같이 계속 반복하세요.

⑤ (배색, 흰색) 사이 코와 코 단에 작업합니다. 도안을 참고로 사이 코와 코 부분을 꼭 확인해주세요.
4단의 기둥코와 마지막 뒤걸어 한길긴뜨기 사이에서 기둥코를 세워 시작합니다. 다음 사이 코에 한길긴뜨기 1개, 사슬 2개를 만든 뒤 2단의 두길긴뜨기에 앞걸어 짧은뜨기를 해줍니다. 도안을 참고로 떠주세요.

⑥ (기본색) 다시 실을 바꿔 뒤걸어뜨기로 기둥코를 세워주세요. 4단의 앞걸어 한길긴뜨기에 한길긴뜨기 2코 늘리기를 해줍니다. 도안을 따라 뜬 뒤 마지막 4단에 하는 한길긴뜨기는 1개만 해줍니다(총 54코).

⑦ (배색, 흰색) 다시 실을 바꿔 기둥을 세우고 바로 같은 곳 6단의 면에 작업합니다. 총 18개의 러플을 만들어주세요.

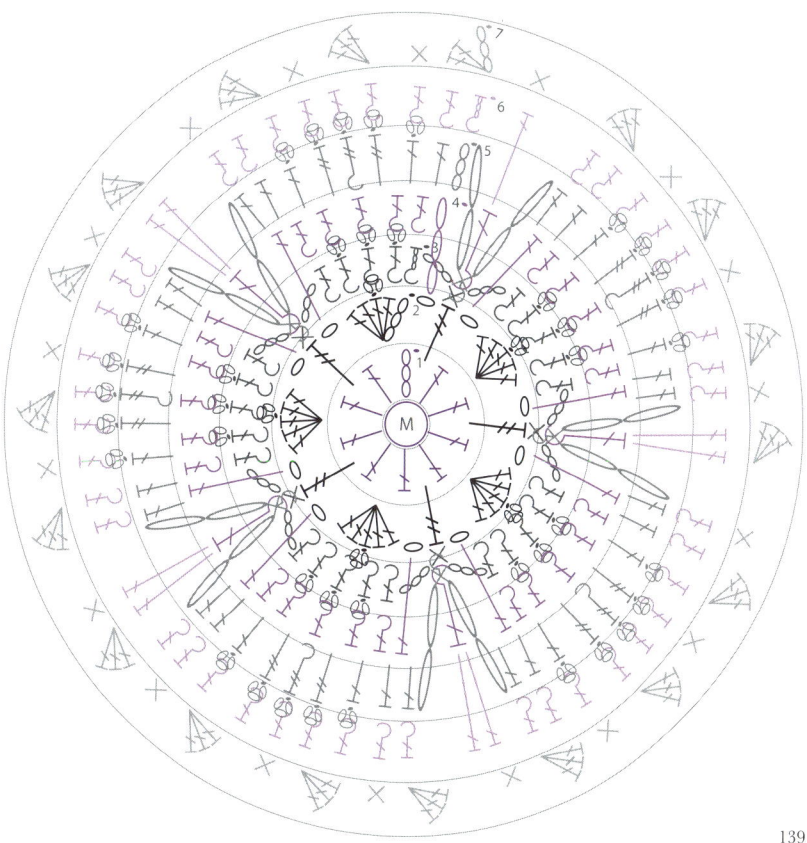

나비 꽃 수세미 ★☆☆ p.67

"나비의 날개와 가운데 꽃봉오리를 한데 합친 수세미입니다."

designed by **소냐티**

만드는 법
① 매직링으로 시작해 7단까지 도안대로 뜹니다.
② 웰빙샤워세미를 약 250cm 길이로 잘라 돗바늘에 꿰어주세요. 1단의 사슬 부분 빈 쪽 안에서 밖으로 바늘을 빼줍니다. 그림을 참고하여 순서대로 두 번씩 감아 서클을 만듭니다.
③ 10번까지 감은 뒤 중앙에 블리온 스티치를 해주세요. 장미 모양이 되도록 차곡차곡 6회 스티치를 한 후, 가운데 동그랗게 1번 더 해서 총 7개의 블리온 스티치를 해주세요.
④ 8단부터 도안과 같이 코를 줄여 완성합니다.

재료
실   웰빙수세미 1
       웰빙샤워세미 8, 25
바늘   모사용 5/0호
완성 사이즈 지름 10cm

POINT 중심에 블리온 스티치를 넣어 동그랗게 꽃 모양을 만들어줍니다. 웰빙샤워세미로 돗바느질을 해주는데, 이때 너무 강하게 하면 모양이 안 예쁘게 나와요. 적당히 느슨하게 힘 조절을 해주세요.

● 나비꽃 스티치 ●

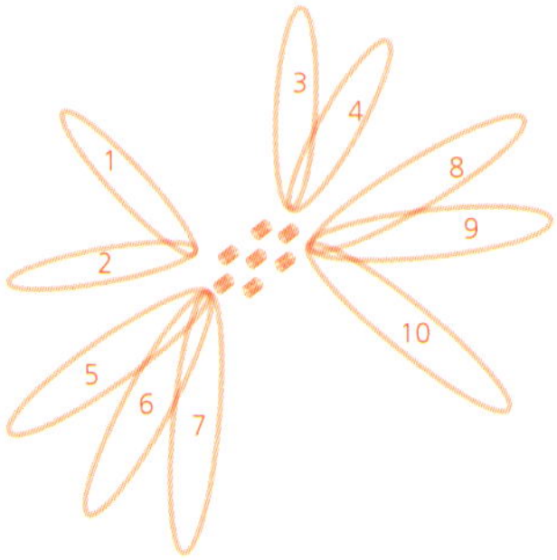

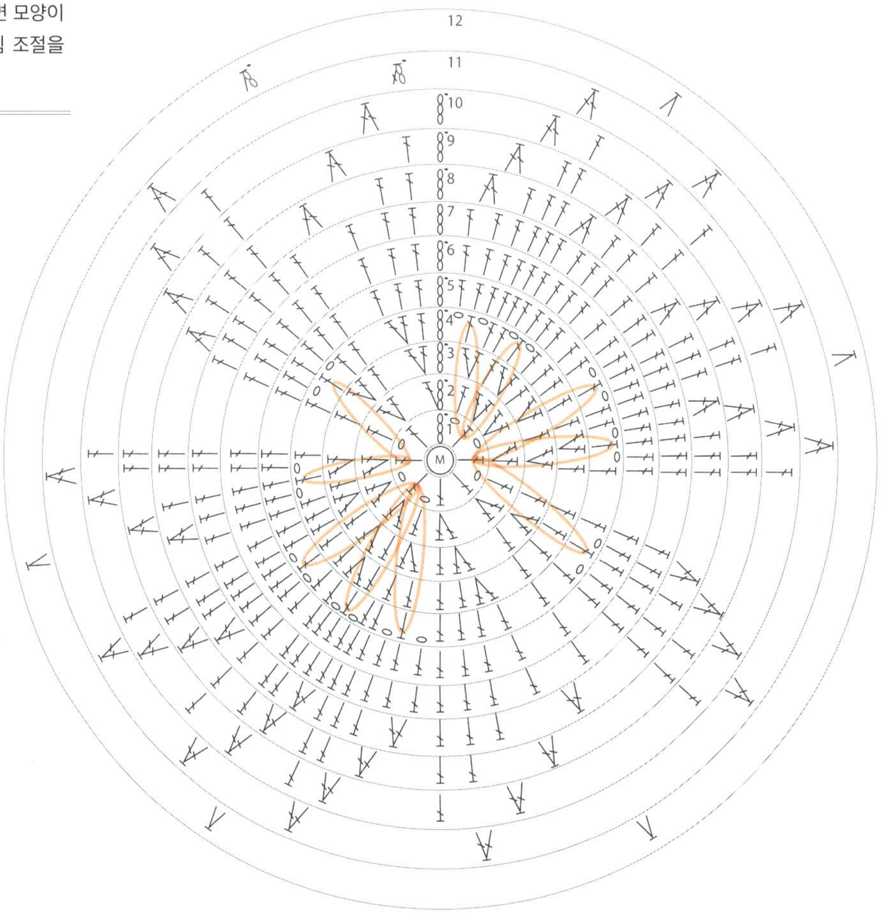

웨딩 부케 수세미 ★☆☆ p.64

"튤립으로 장식하고 루프 스티치로 풍성함을 더한 수세미입니다."

designed by **소냐티**

만드는 법

① (기본색, 녹색 계열) 매직링으로 시작해 도안과 같이 1단을 떠주세요.
② (꽃색) 실을 바꿔 큰팝콘뜨기(한길긴뜨기 7개) 후 사슬코 3개를 해주세요. 총 6개의 꽃을 만듭니다.
③ (기본색, 녹색 계열) 1단의 한길긴뜨기 사이에 뜨개를 해주세요. 2단의 사슬을 감싸며 한길긴뜨기 3코 늘리기를 합니다.
④ (기본색2, 흰색, 파랑 계열) 실을 바꿔 루프뜨기를 해주세요.
* 엄지를 밑으로 많이 내려서 루프를 크게 만들어줍니다. 루프가 사라지지 않도록 잘 잡아주세요!
⑤ 단마다 기둥을 세운 뒤 바로 같은 곳에 루프뜨기를 합니다. 도안을 참고로 계속해서 루프뜨기를 해주세요.

재료

실　　 웰빙샤워세미 1, 5, 16, 20, 23
바늘　 모사용 7/5호
완성 사이즈　 지름 11cm

POINT 루프 스티치로 튤립을 잘 만들어주는 것이 관건입니다. 엄지를 밑으로 많이 내려서 큰 루프를 만들어주었습니다. 줄일 때는 루프가 사라지지 않도록 잘 잡고 줄여주세요.

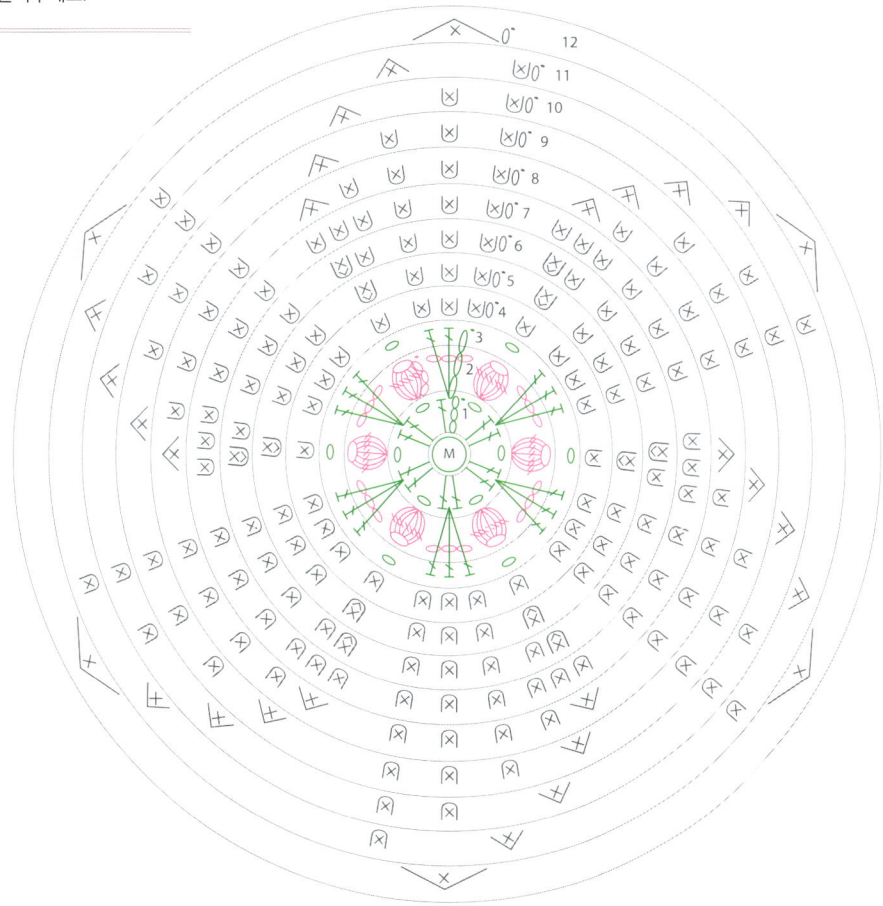

물고기 샤워 글로브 ★★☆ p.68

"색상의 변화를 줘서 물고기의 비늘 느낌을 만들었습니다."

designed by **소냐티**

만드는 법

① 매직링으로 시작해 도안을 참고로 4단까지 떠주세요.

② 실을 바꿔 루프뜨기를 합니다. 기둥을 세운 곳에도 루프뜨기를 해주세요.

③ 도안대로 배색에 유의하며 뜨개를 해주세요.

④ 16단에는 코 늘림이 있습니다.

⑤ 17단에는 손 넣을 구멍을 만들어주세요. 손 크기에 따라 사슬 개수를 짝수로 조절해 주세요.

⑥ 도안을 따라 총 8너울을 만들어주세요.

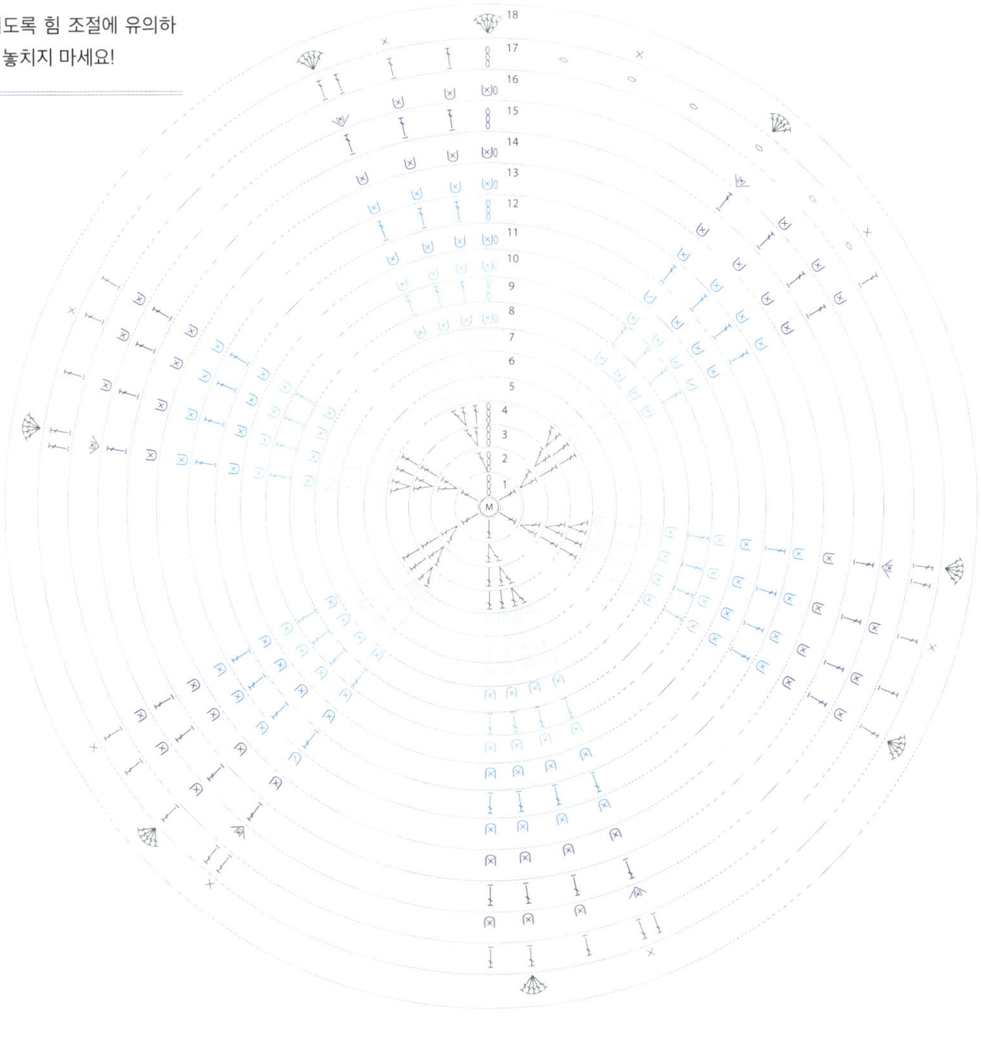

재료

실	웰빙샤워세미 8, 13, 15, 17, 18, 23, 26, 31
바늘	모사용 7.5호
완성 사이즈	가로 17cm, 세로 10cm

POINT 루프가 풍성해지도록 힘 조절에 유의하고 중간중간 이랑뜨기를 놓치지 마세요!

수채화 릴리 ★★☆ p.69

"같은 실도 어떻게 표현하느냐에 따라 꽃의 느낌이 전혀 달라지지요?"

designed by 소냐티

만드는 법

① 매직링으로 시작해 7단까지 도안을 따라 떠주세요.

✱ 중간중간 사슬코를 빠뜨리지 않도록 주의해주세요.

② 웰빙샤워세미를 약 200cm 길이로 준비해 돗바늘에 꿰어주세요. 웰빙샤워세미는 펴져 있는 부분을 사용하거나 아니면 펴서 준비해주세요. 도안의 오른쪽 별표 부분 뒤에서 앞으로 바늘을 빼줍니다. 기둥 옆에 넣은 뒤 옆 기둥으로 빼고 오른쪽 별로 와서 동그랗게 만들어줍니다. 한 번 더 감아주세요. 순서대로 2번씩 감아 꽃잎을 수놓아줍니다. 뒤에서 남은 실을 묶어주세요.

③ 도안을 참고해 8단까지 떠주세요.

④ 실을 바꿔 밑의 줄기 부분을 만들어줍니다. 아래쪽 별표 왼쪽 코 면에서 시작해 주세요. 도안을 참고로 줄기를 만들어주세요.

✱ 줄기는 빼뜨기로 만들어도 무방합니다.

⑤ 9단부터 12단까지는 도안과 같이 줄여 총 6코로 마무리하면 됩니다.

재료

실	웰빙수세미 1 / 웰빙컬러풀 4 / 웰빙크림 6
	웰빙샤워세미 5, 13
바늘	모사용 5/0호
완성 사이즈	지름 10cm

POINT 웰빙샤워세미를 잘 펴서 사용해야 합니다. 도안의 순서를 잘 지켜야 꽃이 예쁘게 만들어진다는 것도 기억해주세요. 돗바느질을 하면서 계속해서 만지고 다듬으며 꽃을 완성해주세요.

● 꽃잎 ●

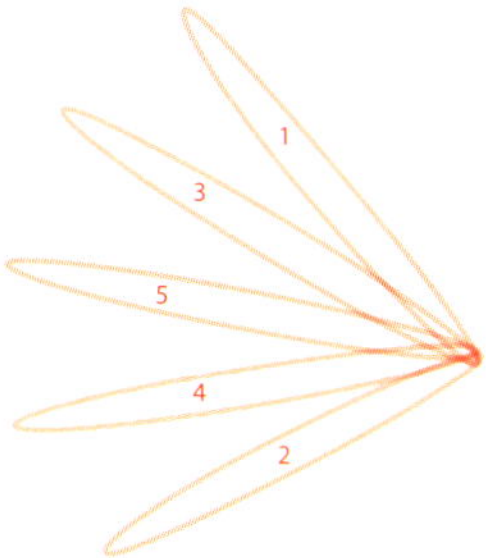

● 줄기 ●

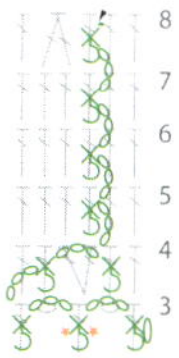

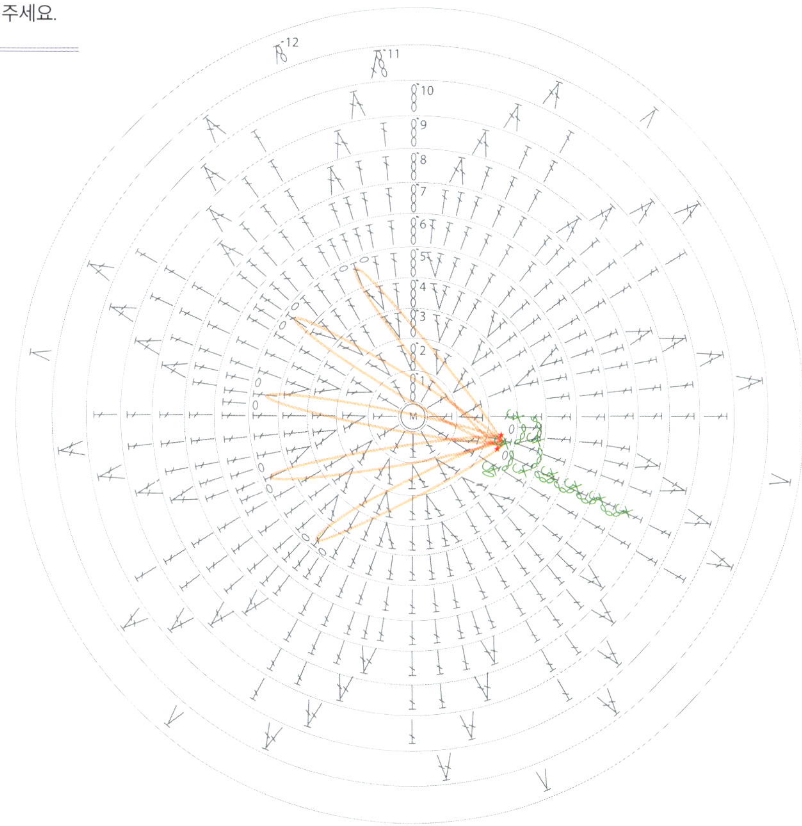

컬러풀 나비 ★☆☆ p.82

"수세미 위에 나비가 내려앉았습니다."

designed by **빛나**

만드는 법
① 도안을 참고해 뜹니다.
② 4단 러플의 짧은뜨기는 3단의 앞이랑에 해줍니다.
③ 5단의 한길긴뜨기는 3단의 뒤이랑에 해줍니다.
④ 컬러풀 수세미로 만든 나비를 하얀색 모티브 중앙에 고정시킵니다.

재료
실	웰빙컬러풀 1
	웰빙수세미 1, 44
바늘	모사용 6/0호
완성 사이즈	지름 10cm

POINT 예쁘면서도 수세미로 활용할 때 불편함이 없도록 작은 사이즈로 만들었어요. 웰빙컬러풀로 다양한 컬러의 나비를 만들어보세요.

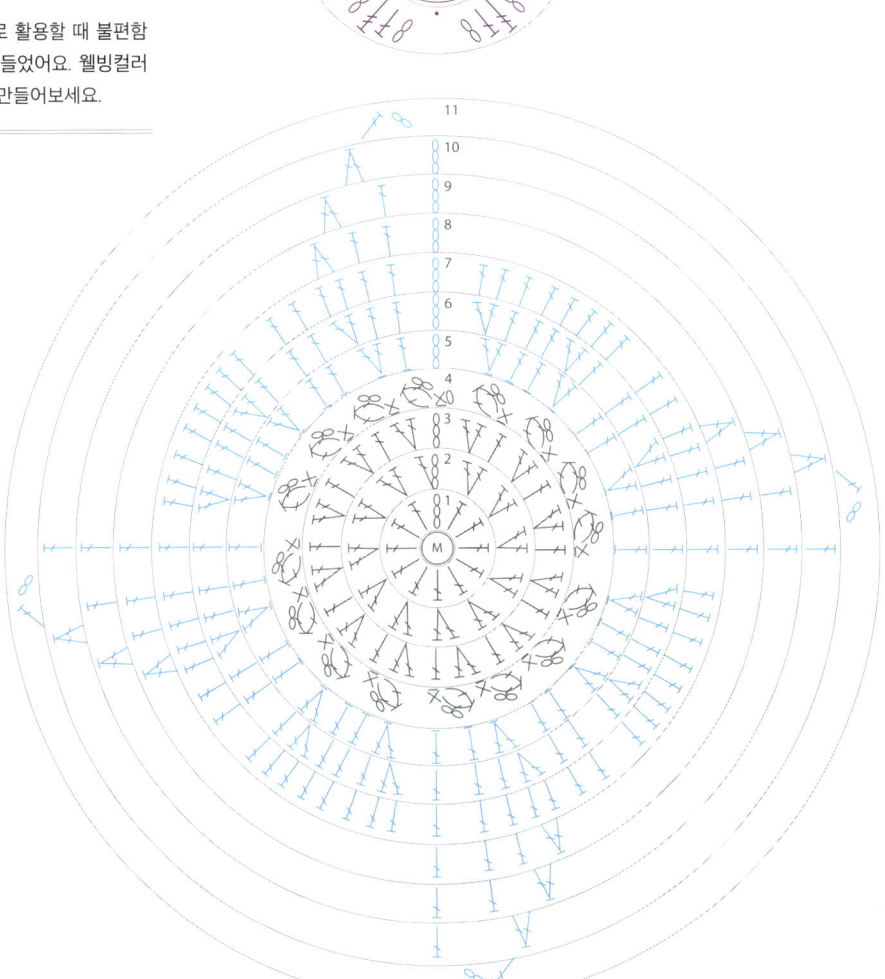

파스텔 알파카 ★☆☆ p.76

"가능하면 실을 끊지 않고 얼굴, 털, 귀까지 표현해보세요!"

designed by **빛나**

만드는 법
① 1~9단은 웰빙샤워세미로 떠줍니다.
② 7단의 귀는 짧은뜨기를 한 후 사슬3개로 올라가 사슬 뒷산에 짧은뜨기를 하며 내려와서 그 자리에 다시 짧은뜨기를 해줍니다.
③ 9단까지 뜬 후 스티치를 합니다.
④ 10~12단은 웰빙수세미 또는 웰빙컬러풀을 사용합니다.

재료
실	웰빙샤워세미 2, 10 / 웰빙수세미 1 / 웰빙컬러풀 6
바늘	모사용 9/0호(웰빙샤워세미), 모사용 6/0호
추가 준비물	지름 5~6mm 눈알
완성 사이즈	지름 11cm

POINT 파스텔톤의 웰빙샤워세미로 루프뜨기를 해서 몽글몽글 알파카 털을 표현했어요. 털 사이로 삐쭉 보이는 귀가 포인트예요. 눈알을 다는 대신 자유로운 스티치로 여러 가지 표정의 알파카를 만들어보세요.

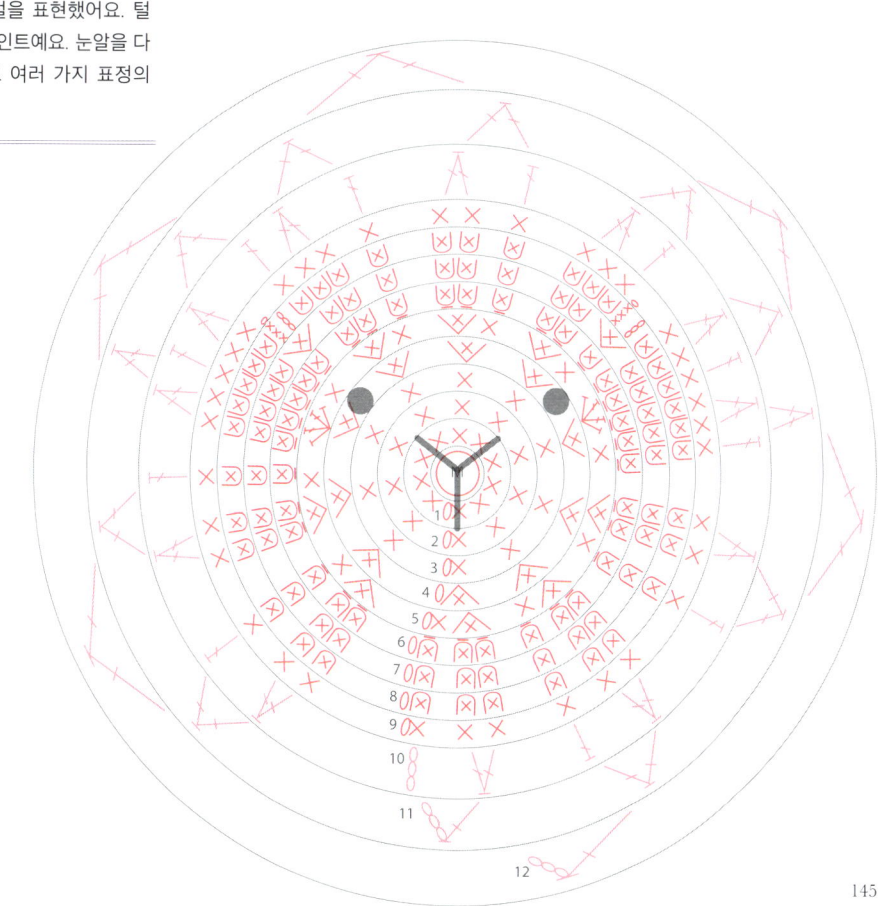

러플 플라워(호빵) ★☆☆ p.80

"수세미 위에 겹꽃잎의 러플 플라워가 피었습니다"

designed by 빛나

만드는 법

① 2단은 1단의 앞이랑에 빼뜨기 합니다.
② 3단은 1단의 뒤이랑에 루프뜨기 2코 늘리기를 합니다.
③ 4단은 코마다 루프뜨기를 합니다.
④ 5단부터는 웰빙수세미실을 사용해서 떠주세요.

재료

실 웰빙샤워세미 1, 23, 27
    웰빙컬러풀 4
바늘 모사용 9/0호(웰빙샤워세미),
      모사용 6/0호
완성 사이즈 지름 10cm

POINT 루프뜨기 할 때, 실이 꼬이지 않도록 잘 풀어가며 떠주세요.

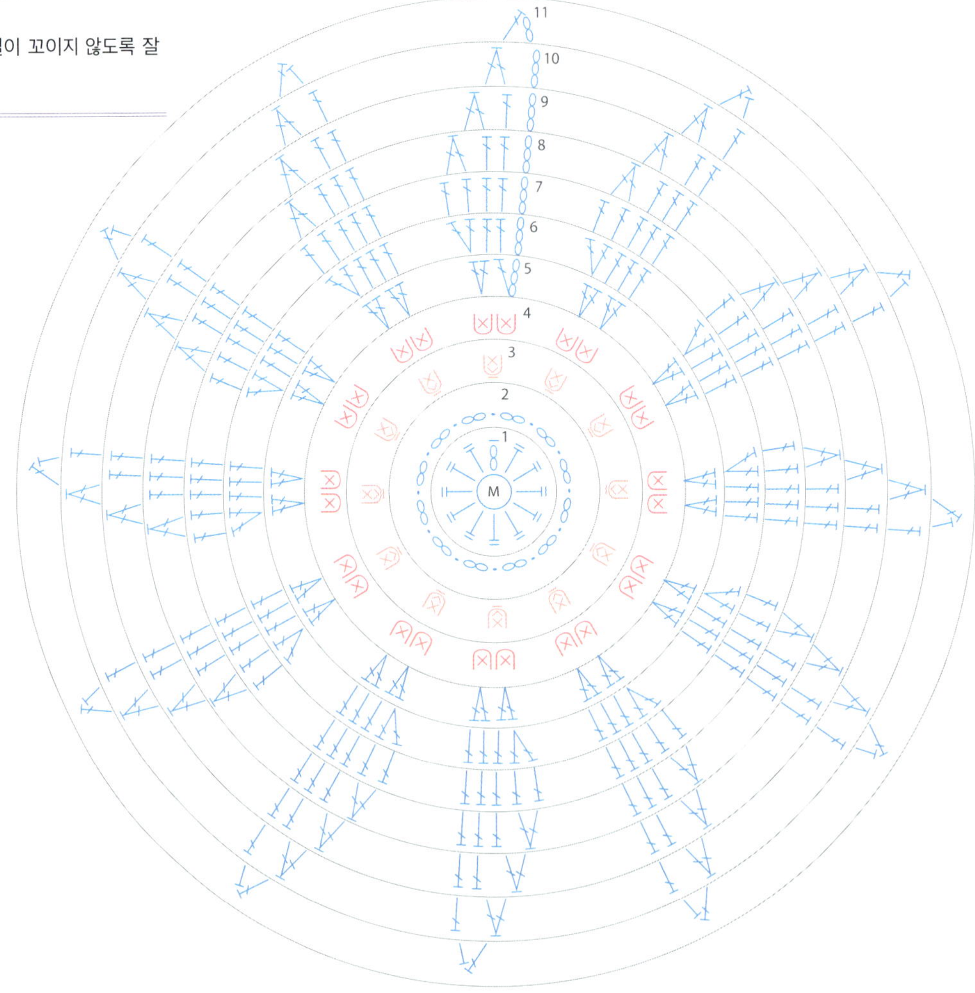

러플 플라워(단면) ★☆☆ p.81

"수세미는 물론 티매트로도 활용하기 좋아요."

designed by 빛나

만드는 법

① 도안을 참고해 뜹니다. 2단은 1단의 앞이랑에 빼뜨기 해주세요.
② 3단부터 컬러를 바꿔서 1단의 뒤이랑에 한길긴뜨기 2코 늘리기 해주세요.
③ 도안을 참고해 완성해주세요.

재료

실	웰빙샤워세미 1, 10
바늘	모사용 9/0호
완성 사이즈	지름 10cm

POINT 예쁜 배색이 포인트입니다. 컬러 매치에 신경 써주세요.

추억의 눈깔사탕 ★☆☆ p.78

"추억의 눈깔사탕을 병솔로 만들었습니다."

designed by **빛나**

만드는 법
① 도안대로 7단까지 뜬 후 병솔에 씌워주고 8단을 떠서 마무리합니다.
② 각 단의 빼뜨기는 구슬뜨기 사이에 해줍니다.

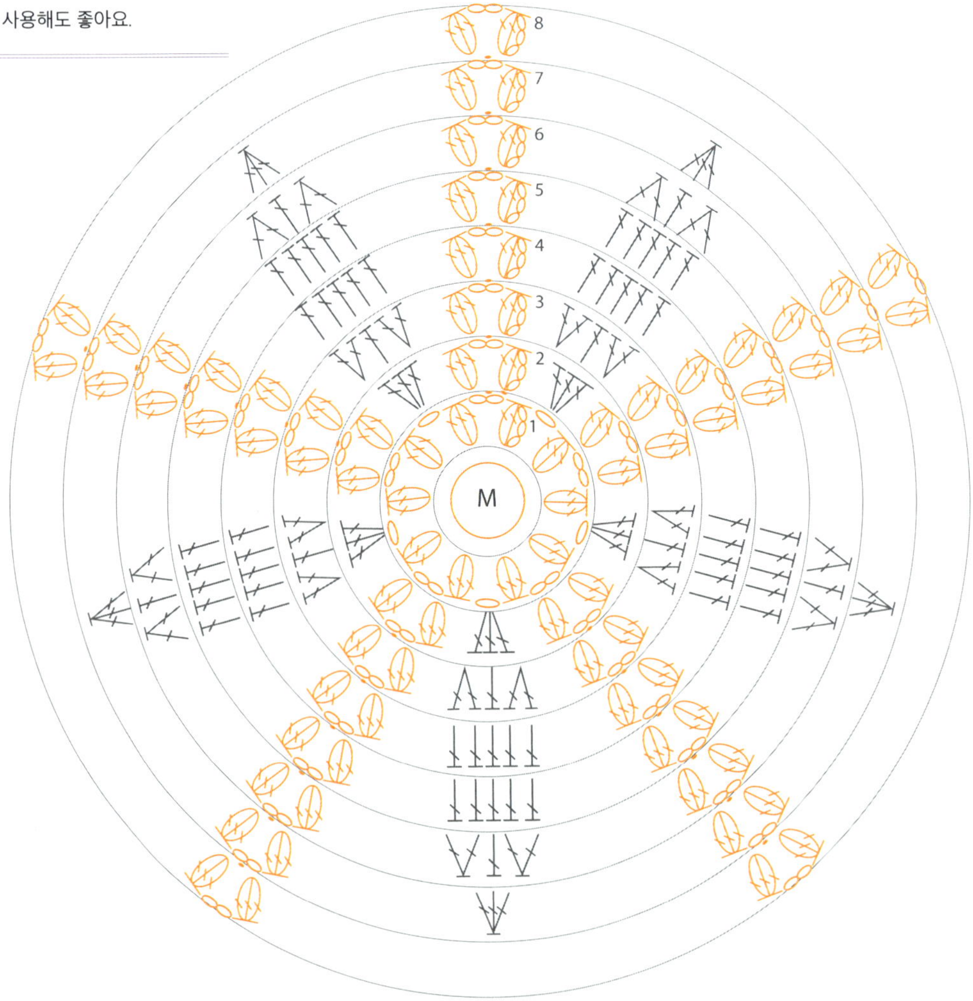

재료
실　　　웰빙크림 3, 10, 18, 22
바늘　　모사용 4/0호
완성 사이즈　지름 7cm

POINT 모사용 4호를 사용해 떴습니다. 손땀이 느슨하다면 3호를 사용해도 좋아요.

148

뽀글뽀글 고슴도치 ★★☆ p.79

"뾰족한 가시 대신 뽀글뽀글 펌을 한 고슴도치입니다."

designed by **빛나**

만드는 법

① 3단까지 뜬 후 스티치를 합니다. 적당한 위치에 눈을 달아주고 입을 스티치 해주세요.
② 4단부터는 실의 컬러를 바꿔서 루프뜨기를 해주세요.

재료

실　　　　웰빙샤워세미 2, 32
바늘　　　모사용 9/0호
추가 준비물　지름 5~6mm 눈알
완성 사이즈　가로 9cm, 세로 11cm

POINT 폴리 수세미실로 만들었던 파마머리 고슴도치를 웰빙샤워세미로도 만들어보고 싶었어요. 작은 귀와 손과 발이 포인트! 다양한 표정으로 귀여움을 더해주세요.

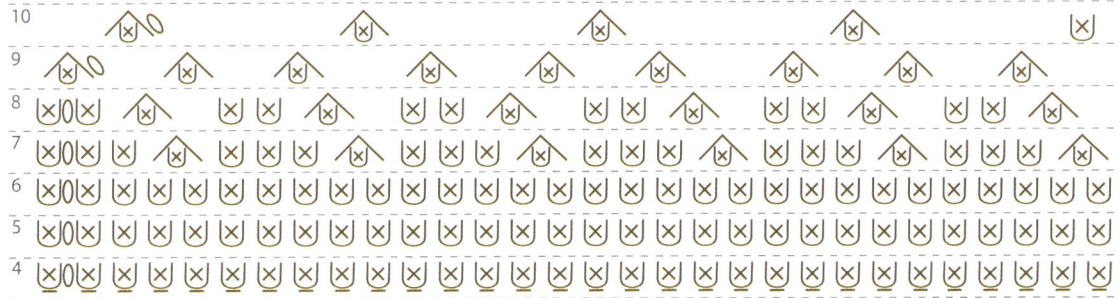

149

청어 수세미 ★☆☆ p.74

"길쭉한 물고기 모양의 청어 수세미입니다."

designed by **빛나**

만드는 법
① 도안을 참고로 떠주세요. 7단은 6단의 앞이랑에 떠주세요.
② 8단을 시작하기 전, 눈 스티치를 해주세요.
③ 8단은 컬러를 바꿔 6단의 뒤이랑에 떠주세요.

재료
실	웰빙수세미 1, 63
바늘	모사용 4/0호
완성 사이즈	가로 17cm, 세로 8cm

POINT 청어 수세미는 병솔로도 활용할 수 있어요. 병솔로 만들 때는 꼬리를 뜨기 전 병솔을 끼운 후 마무리 해주세요.

해피 하트 바스타월 & 헤어밴드 ★★☆ p.83

"하트가 쪼로록~ 목욕 시간이 즐거워져요."

designed by 빛나

만드는 법
① 첫단과 마지막단은 짧은뜨기를 해주세요.
② 원하는 길이만큼 떠주면 됩니다(바스타월 67단, 헤어밴드 40단).
③ 헤어밴드는 원하는 길이만큼 뜬 후 첫 단과 마지막 단을 돗바늘로 연결하세요.

재료

실	웰빙샤워세미 16
바늘	모사용 9/0호
완성 사이즈	바스타월 길이 80cm, 폭 10cm
	헤어밴드 길이 46cm, 폭 5cm

POINT 욕실에도 뜨개 소품을 놓고 싶었어요. 웰빙샤워세미는 샤워용품을 뜨기에도 적합해서 바스타월과 헤어밴드를 세트 느낌으로 만들었습니다. 통통한 하트 모양이 잘 살도록 실이 꼬이지 않게 풀어가며 떠주세요.

● 바스타월 ●

● 헤어밴드 ●

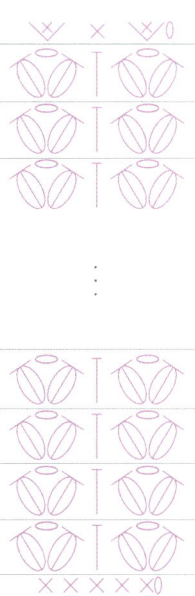

뭉게구름(단면) ★☆☆ p.75

"두 겹으로 만들어서 도톰! 단면 수세미는 헹굼용으로 좋아요."

designed by **빛나**

만드는 법
① 사슬코 15코로 시작합니다. 도안을 참고로 떠주세요.
② 3단에서 빼뜨기로 구름의 둥그런 곡선을 잡아주세요.

재료

실	웰빙컬러풀 6, 7, 8
바늘	모사용 8/0호(두 겹 사용)
완성 사이즈	가로 12cm, 세로 10cm

POINT 웰빙컬러풀을 처음 봤을 때 뭉게구름이 떠올랐어요. 저는 같은 실 두 겹으로 만들었지만, 웰빙수세미 실 두 가지 컬러를 사용해 만들어도 됩니다.

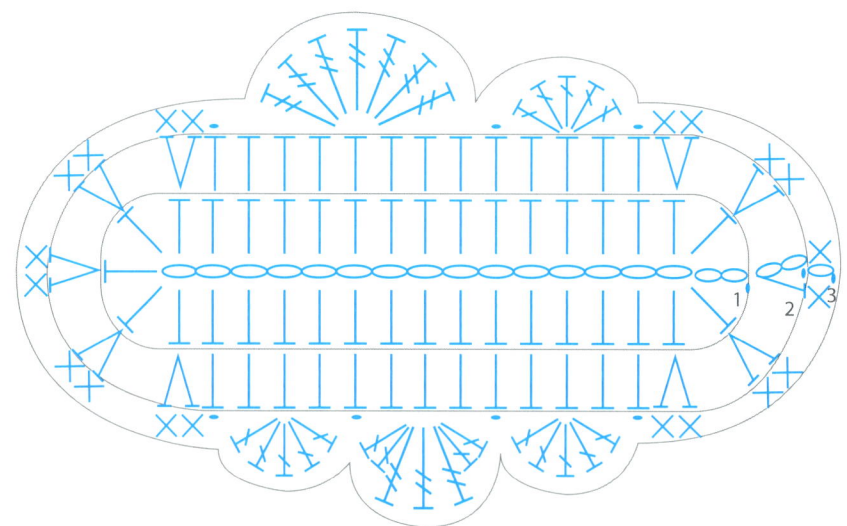

뭉게구름(호빵) ★★☆ p.75

"파란 하늘에 예쁘게 떠 있는 뭉게구름 수세미!"

designed by **빛나**

만드는 법
① 사슬코 17코로 시작합니다. 도안을 참고로 떠주세요.
② 4단에서 구름의 모양을 만듭니다.
③ 5단의 한길긴뜨기 7코 모으기는 이랑에 해주세요.

재료

실	웰빙컬러풀 6, 7, 8
	웰빙수세미 1
바늘	모사용 6/0호
완성 사이즈	가로 12cm, 세로 10cm

POINT 단면 수세미를 선호하지 않는 분들을 위해 폭신한 호빵 뭉게구름 수세미를 만들었어요. 아이와 함께 다양한 컬러의 구름 수세미로 날씨를 표현해보세요.

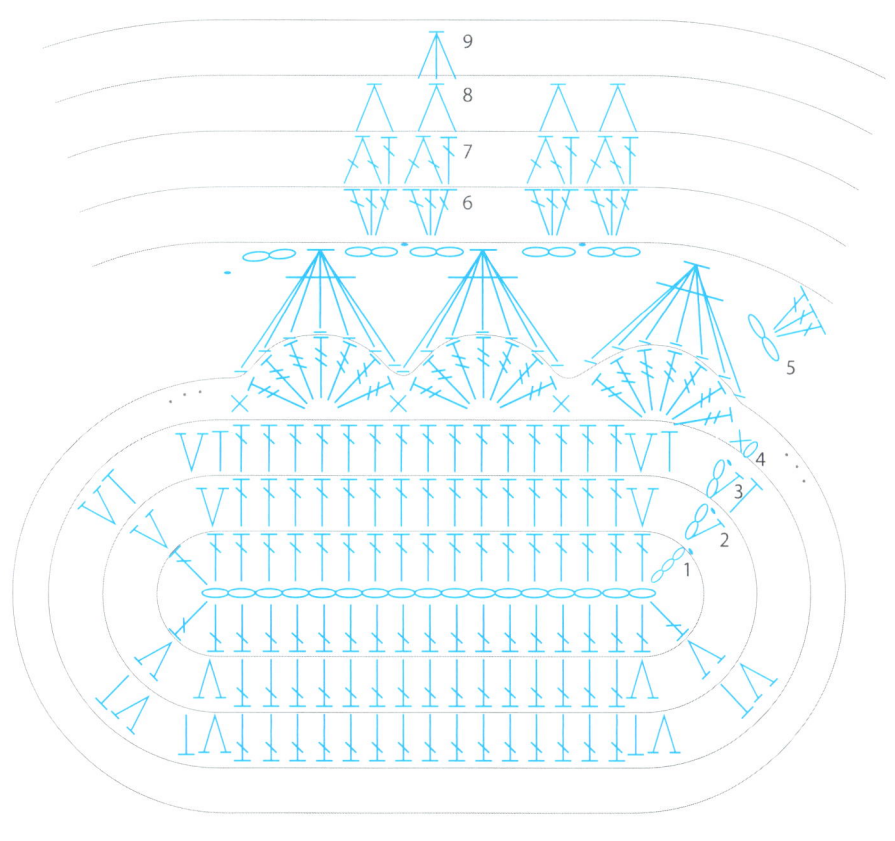

꽃잎 리스 ★★☆ p.88

"인테리어 소품, 티매트로도 활용할 수 있는 수세미예요."

designed by 림이그림

재료
실   웰빙수세미 1, 24, 30, 46, 49, 69,
      77, 80, 84, 85, 86
바늘 모사용 5/0호(잔가지)
      모사용 6/0호(꽃잎)
완성 사이즈 지름 10cm, 꽃잎 높이 3cm

POINT 봄날, 이곳저곳 자연스럽게 떨어져 있는 꽃잎을 보면 그 꽃잎들을 모아서 자연스럽게 장식하고 싶어지더라구요. 자잘한 가지들과 꽃잎을 모아 리스처럼 만들어 주는 상상을 하며 제작한 꽃잎 리스 수세미입니다. 포인트 꽃잎이 매력적인 작품이랍니다. 꽃잎의 컬러를 은은하게 바꿔주면 분위기 있어집니다.

꽃잎 리스   꽃잎 리스
수세미실   일반실

만드는 법

① 매직링으로 시작해 도안대로 1~4단을 만듭니다.

  ＊ 3, 4단의 시작점 위치를 확인해주세요.

② 5단 꽃잎은 4단의 사슬 구멍에서 시작합니다. 먼저 사슬 3코로 기둥코를 만들고, 그 높이 만큼 긴뜨기를 길게 6회 만들어줍니다.

③ 처음에만 2코를 빼주고, 2번째부터는 3코씩(갖고 온 실 1코 + 걸려 있는 실 2코) 빼줍니다.

④ 바늘에 걸린 실이 2개 남으면 편물 방향을 돌리고, 바늘에서 코를 빼서 꼬인 방향을 바꿔 걸어줍니다.

⑤ 사슬 구멍에 바늘을 넣어 긴뜨기를 길게 6회 만들고 과정 ③을 반복합니다. 마지막 코까지 같은 방법으로 뺀 뒤 실을 잘라 돗바늘로 정리합니다.

⑥ 만들고 싶은 만큼 꽃잎을 떠서 달아줍니다.

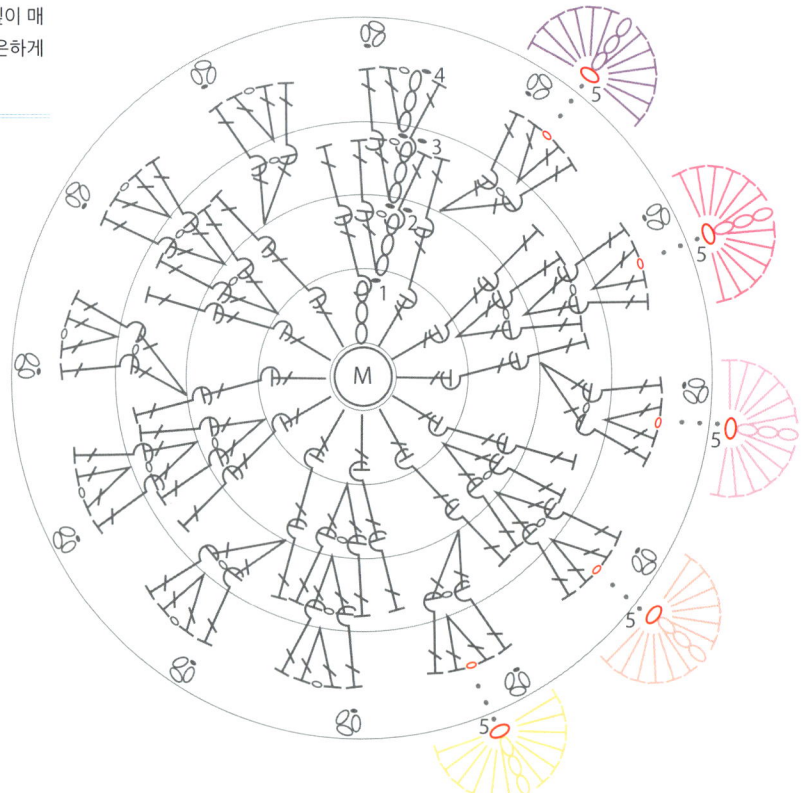

러플러플라워 ★★☆ p.89

"반입체 형태의 풍성한 꽃잎으로 만든 러플러플한 수세미입니다."

designed by 림이그림

재료
실 웰빙수세미 24, 41, 46
바늘 모사용 6/0호
완성 사이즈 지름 12cm

POINT 왜… 그런 거 있잖아요? 이름은 모르는데 그냥 꽃~!! 풍성한 꽃~!! 그냥 여리여리 예쁜 느낌을 주는 그런 꽃… 그런 꽃의 이미지를 상상하며 자연스러움을 연출해주세요.

n단-2 후 빼뜨기 위치

만드는 법

① 매직링으로 시작합니다. 도안대로 1, 1-1, 1-2 순서로 진행합니다.

② 1-2를 뜬 후 빼뜨기 위치는 1단 첫 코에 합니다.

③ 2, 2-1, 2-2 순서로 진행합니다.

④ 2-2를 뜬 후 빼뜨기 위치는 2단 첫 코에 합니다.

⑤ 3, 3-1, 3-2 순서로 진행합니다.

⑥ 3-2를 뜬 후 빼뜨기 위치는 3단 첫 코에 합니다.

⑦ 빼뜨기 2코로 시작점을 이동하여 4, 4-1, 4-2 순서로 진행합니다.

⑧ 실을 자르고, 돗바늘로 마무리합니다.

◆ 참고사항

① 그림 도안의 단수 표시 중 1, 1-1, 1-2 / 2, 2-1, 2-2 / 3, 3-1, 3-2 / 4, 4-1, 4-2는 모두 한 세트씩입니다.
예) 1단을 뜬 후 1단 위에 1-1을, 1-1단에 1-2단을 뜨는 형식입니다.

② 1-1, 2-1, 3-1, 4-1의 이랑 짧은뜨기 기호는 앞이랑 짧은뜨기입니다(앞의 반 코를 잡아서 뜨는 방법).

③ 검은색 빼뜨기 기호 보는 방법:
1-2단이 끝난 후(검은색 빼뜨기 기호)는 1단 첫 코에, 2-2단이 끝난 후는 2단 첫 코에 , 3-3단이 끝난 후는 3단 첫 코에 빼뜨기를 합니다(왼쪽 사진 참고).

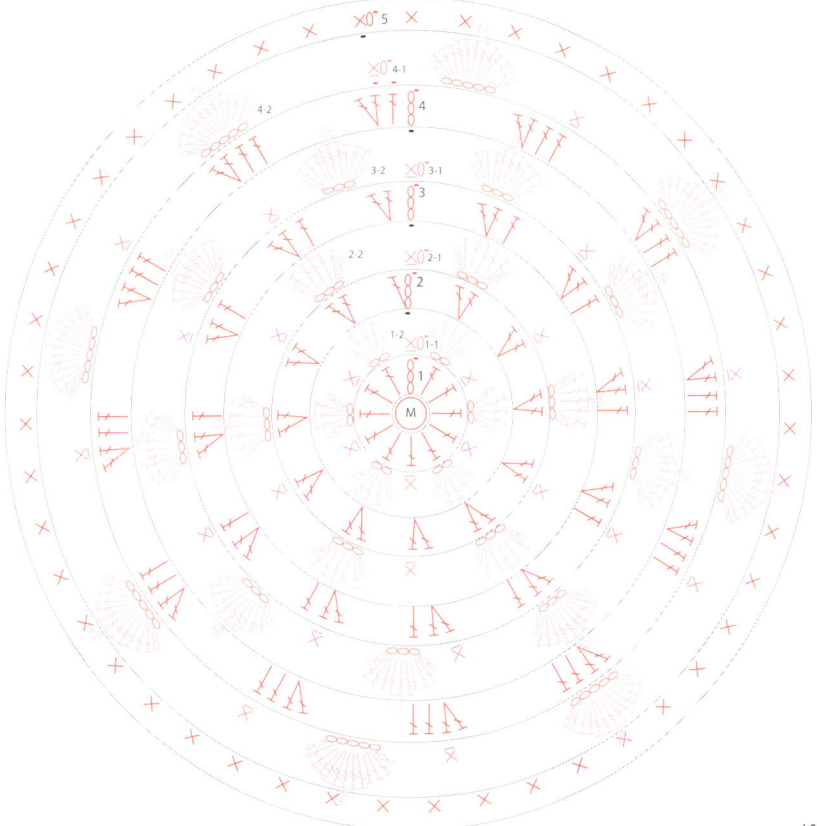

행잉 플랜트 (Ver. 쥐꼬리 선인장) ★☆☆ p.90

"실제 식물처럼 보일 수 있는 인테리어 소품이랍니다."

designed by **림이그림**

재료
실　　　웰빙샤워세미 32, 33
　　　　웰빙수세미 84, 85, 86
바늘　　모사용 9/0호(웰빙샤워세미)
　　　　모사용 4/0호(웰빙수세미)
추가 준비물　메탈링 또는 우드링(지름 약 8cm)
완성 사이즈　바구니 높이 3.5cm,
　　　　　　식물 길이 7~20cm

POINT 쥐꼬리 선인장을 연상시키는 소품이에요. 선인장의 길이를 다르게 만들어서 윗부분을 묶고, 바구니에 넣어 벽에 걸어주면 됩니다.

식물 뜨기　식물 연결하기

만드는 법

● 바구니
① 도안대로 바구니를 만듭니다.
② 실을 길게 남겨 돗바늘에 꿰어 링과 연결합니다(3코로 연결).
✳ 2단의 기호는 뒤이랑 짧은뜨기입니다.

● 식물
① 선인장은 이중사슬뜨기로 총 3줄을 뜹니다. 먼저 각각 다른 컬러로 길게 뜬 뒤 돗바늘로 마무리합니다.
② 나머지 하나는 길이를 짧게 뜬 뒤 실을 길게 남깁니다.
③ 길게 뜬 선인장을 각각 반으로 접어 포갭니다. 이때 길이가 완전히 같지 않고 언밸런스하게 접어주세요.
④ 3의 포갠 부분 상단 1~1.5cm 높이에서 짧게 뜬 선인장의 남긴 실로 단단하게 감고 돗바늘로 꿰어 매듭지어줍니다.
⑤ 바구니에 넣어 자연스럽게 연출합니다.

● 쥐꼬리 선인장 ●

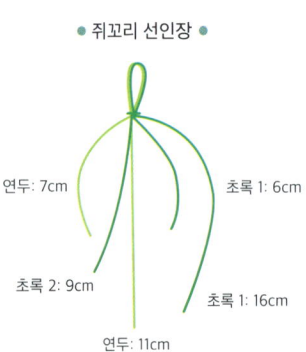

연두: 7cm　초록 1: 6cm
초록 2: 9cm　초록 1: 16cm
연두: 11cm

● 바구니 ●

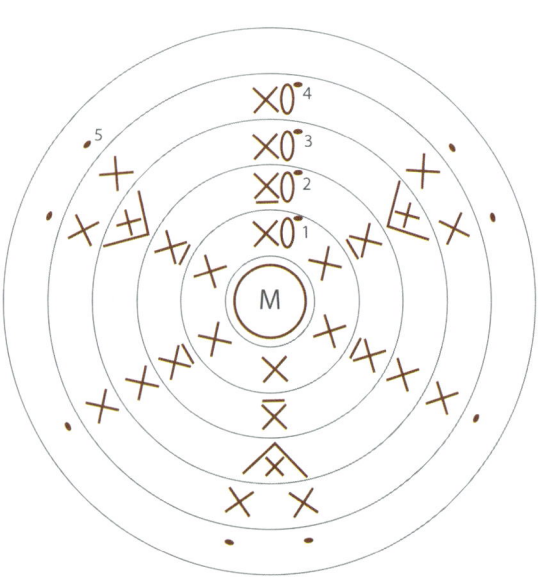

솔잎 리스 ★★☆ p.91

"그림을 그린다는 생각으로 스티치를 해보세요!"

designed by 림이그림

재료
실   웰빙수세미 1, 46, 54, 57, 84, 85, 88
바늘   모사용 5/0호
완성 사이즈   지름 10cm

POINT 입체 원형 모양으로 바탕을 만들어주다가 스티치를 넣고, 뒷면을 완성하는 수세미입니다. 다양한 방법으로 스티치를 만드는 재미를 경험할 수 있어요. 스티치는 QR 영상을 참고로 나만의 감각대로 그림 그리듯 자연스럽게 연출해 보세요.

솔잎 스티치
방법

만드는 법
① 도안대로 바탕을 만들어줍니다.
② 7단까지 뜬 후 QR코드를 참고해 나뭇가지와 솔잎을 스티치 해줍니다.
③ 8단부터 바탕 뒷부분을 만들어줍니다.
④ 돗바늘로 마무리 합니다.

● 스티치
① 나뭇가지: 바탕 둘레의 2~3배 정도 길이의 실로 시작합니다(바탕 3~4단 사이에 위치).
② 가지와 어우러지게 솔잎을 스티치해주세요. 대칭보다 비대칭으로, 크기를 다양하게, 어울리는 컬러 3가지로 연출하세요.

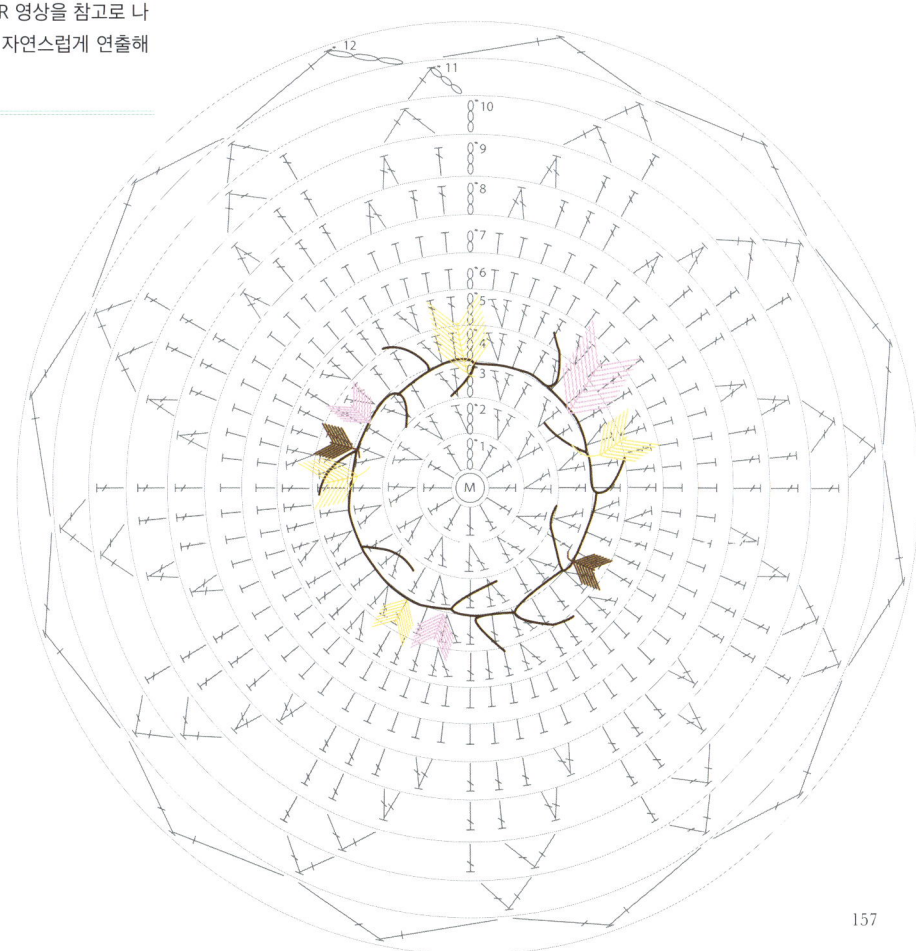

창가의 라벤더 ★★☆ p.92

"이른 새벽 아침, 은은하게 밀려 들어오는 라벤더 향기와 창가의 풍경은 우리에게 설렘을 가져다줄 거예요."

만드는 법
① 타원형 모양으로 평면뜨기를 합니다(1~5단).
② QR코드를 참고해 라벤더를 스티치 합니다.
③ 스티치가 끝난 후 반으로 접어 되돌아 짧은뜨기로 연결해주세요.
④ 웰빙샤워세미로 아랫단을 제작합니다(창틀 느낌).

designed by **림이그림**

재료
실	웰빙샤워세미 15, 16, 24, 25, 28, 32
	웰빙수세미 1, 24, 46, 49, 65, 69, 77, 84, 85
바늘	모사용 5/0호(웰빙수세미)
	모사용 10/0호(웰빙샤워세미)
완성 사이즈	가로 10cm, 세로 11cm

POINT 평면뜨기를 할 때 4, 5단에 은은한 컬러 변화를 주면 해뜨는 새벽 느낌을 연출할 수 있어요. 웰빙샤워세미로 아랫단을 스티치하면서 창틀 느낌을 연출하면 세워둘 수도 있답니다.

라벤더 스티치 & 창틀 뜨는 법

● 스티치 ●

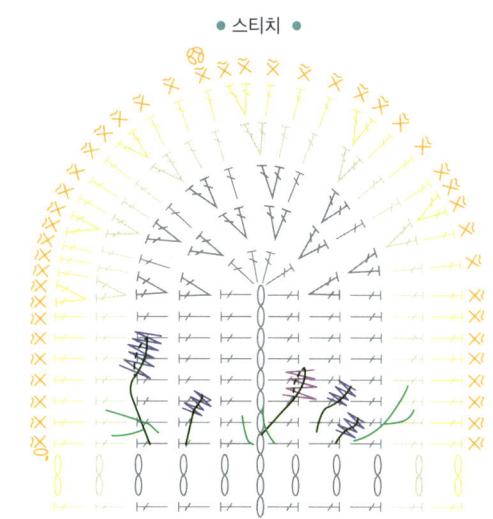

● 아랫단 ●

● 창문 ●

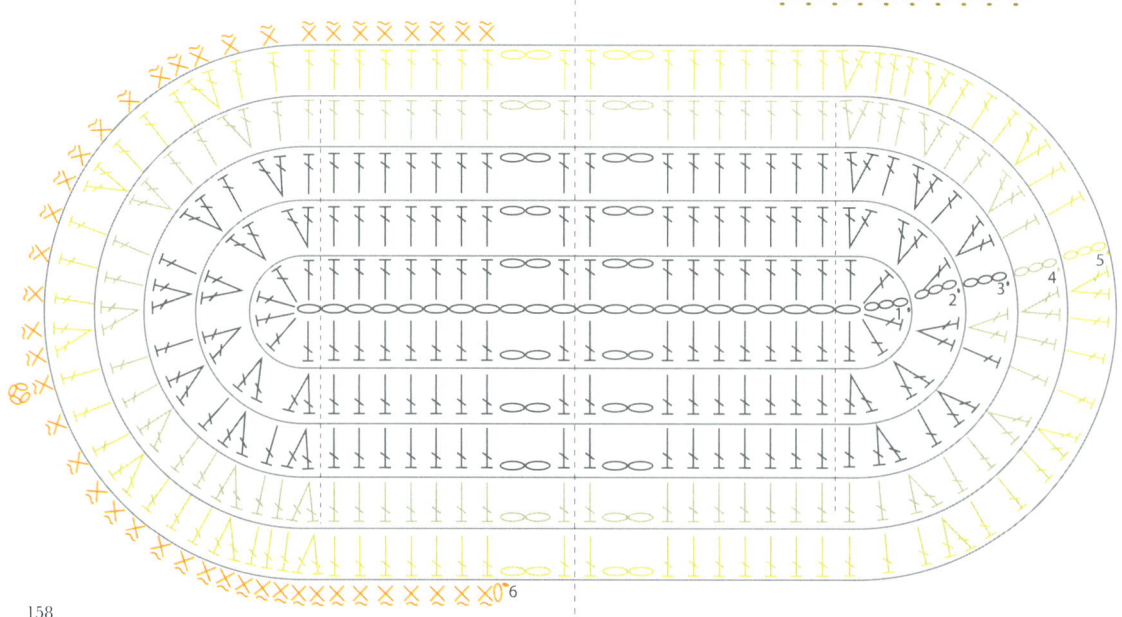

레트로 튤립 ★☆☆ p.93

"감성을 듬뿍 담아 빈티지한 느낌의 튤립을 만들어주세요."

designed by 림이그림

만드는 법
① 매직링으로 만들어 도안의 순서대로 떠줍니다(1~4단).
② 컬러를 바꿔서 5단의 위치에 새 실을 연결하여 잎을 만들어줍니다.

재료
실　　웰빙샤워세미 10, 13, 20, 24, 29
바늘　모사용 9/0호
완성 사이즈　가로 11cm, 세로 15cm

POINT　레트로 감성이 느껴질 수 있도록 꽃과 잎 부분의 컬러를 매치할 때 작품 사진의 컬러를 참고해주세요.

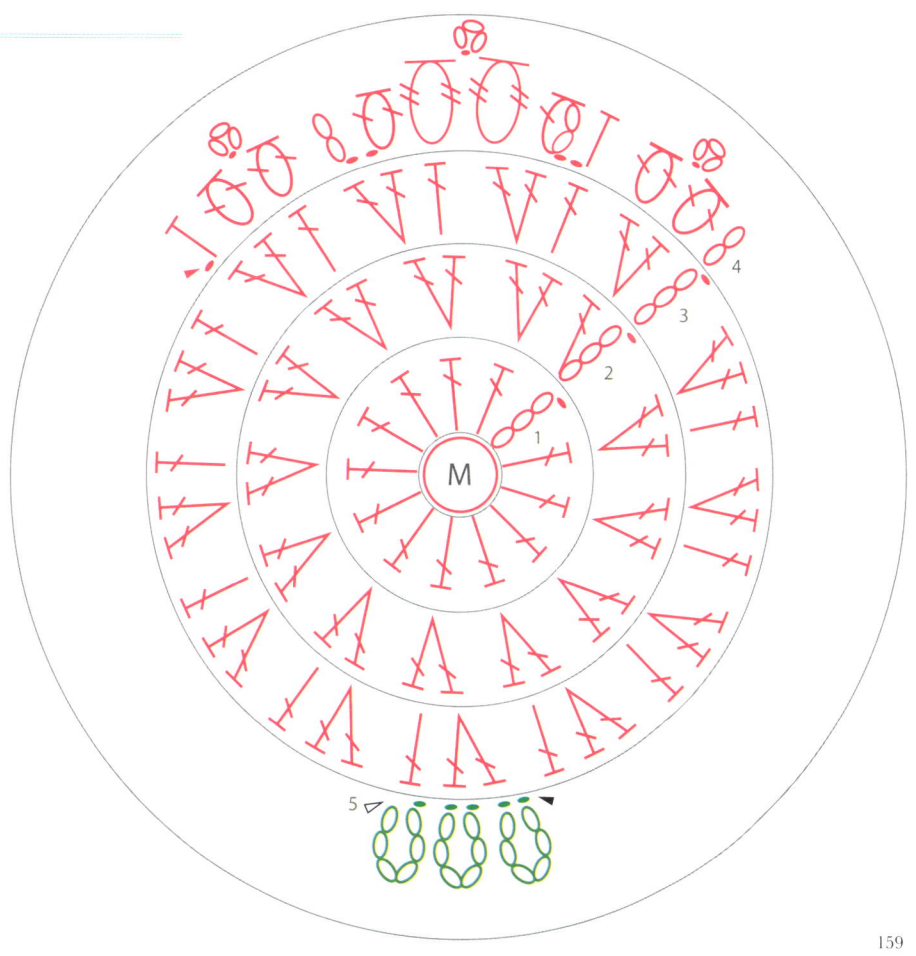

159

민들레 비누 받침 ★☆☆ p.96

"은은하게 피어나는 민들레처럼 사랑스럽게!"

designed by 림이그림

만드는 법

① 매직링으로 시작해 1, 2단을 만듭니다.

② 실 컬러를 바꾸어 3단부터 만들어갑니다.

③ 6단을 완성한 후 시작점을 이동하여 7단을 시작합니다.

④ 줄기 스티치는 빼뜨기한 부분을 가리면서 해주세요 (뒷면에서 실 넣어서 시작하기, 줄기 스티치 방향 보면서 제작하기, 매듭지어 마무리).

재료

실	웰빙샤워세미 2, 5, 18, 28, 30, 34
바늘	모사용 9/0호
완성 사이즈	지름 11cm

POINT 컬러의 변화와 약간의 스티치로 민들레 이미지를 연출합니다. 비누 받침으로 사용하기 좋도록 살짝 말리듯, 오므라지게 만드는 것이 포인트예요.

빈티지 앤티크 액자 ★★☆ p.95

"유럽풍의 고풍스러운 프레임과 드라이플라워가 어우러지게 코디되어 있는 액자!"

designed by **림이그림**

만드는 법

① 도안대로 4단까지 뜹니다.
② 실 컬러를 바꾸고, 시작점을 확인하여 5, 6단을 뜹니다.
③ QR코드를 참고하여 드라이플라워를 스티치합니다.

※ 빈티지한 드라이플라워 스티치는 1단 안에서 만들어주세요.

재료

실	웰빙샤워세미 5, 13, 14, 16, 27, 28
	웰빙수세미 1, 24, 57, 62, 88
바늘	모사용 5/0호
완성 사이즈	가로 11cm, 세로 15cm

POINT 고풍스러운 앤티크 느낌의 프레임 안에 소박하게 또르르 말린 듯한 꽃의 이미지가 더해졌을 때 그 느낌을 실로 표현해보았어요. 컬러의 배합과 스티치 방향 등으로 다양한 느낌을 연출할 수 있어요. 앤티크 액자와 빈티지한 드라이플라워의 조화를 상상하며 수세미실로 고급스러움을 표현해주세요.

드라이플라워 스티치 방법

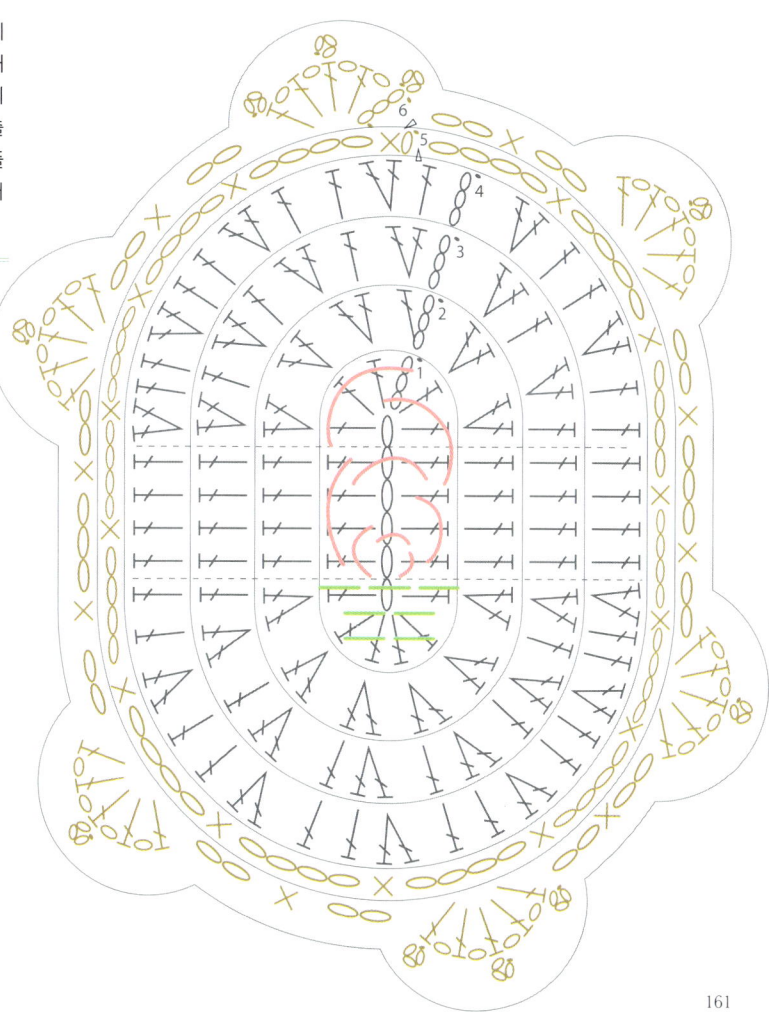

러브레터 ★☆☆ p.97

"비누를 담아두거나 인테리어 소품으로 활용해보세요."

designed by **림이그림**

만드는 법

① 도안대로 만든 후 이미지를 참고하여 화살표 방향으로 접어서 형태를 만들어줍니다.
② 웰빙샤워세미 2겹(각각 다른 컬러 1줄씩)으로 연결해줍니다.
  - 반 코씩 잡아서 감침질로 연결합니다.
  - Ⓐ, Ⓑ 방향에서 각각 실을 걸어 시작합니다.
③ 실을 길게 남긴 후 리본 모양으로 묶고, 남은 실로 아랫부분에 고정시켜 모양을 연출해줍니다.

재료

실	웰빙샤워세미 1, 5, 16, 31
바늘	모사용 10/0호
완성 사이즈	가로 9cm, 세로 15cm

POINT 비누를 담아두거나 수세미로 사용이 가능한 작품입니다. 메모홀더로 사용할 수도 있고 작은 꽃을 담아 인테리어 소품으로도 활용 가능한 아이템이에요. 일러스트 그림을 참고하며 형태를 만들고 꾸며주세요.

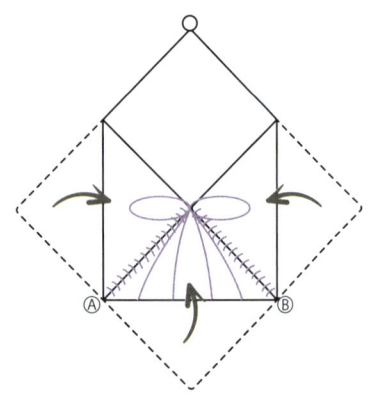

공작 행잉 ★★★ p.94

"순백의 고귀함과 우아함을 보여주는 백공작이 있는 공간!"

designed by 림이그림

재료
- 실: 웰빙수세미 24, 62, 69
  웰빙샤워세미 32
- 바늘: 모사용 5/0호, 모사용 4/0호(깃털)
- 추가 준비물: 지름 약 8mm 눈알,
  머리 위 장식 약간, 인형 솜
- 완성 사이즈: 밑면 지름 14cm, 높이 15cm

POINT 제 뜨개는 실의 기본 용도에서 벗어나 다양하게 활용되는 특징이 있어요. 수세미실 원래의 용도에서 벗어나, 고급스러운 반짝임을 유도하며 공간의 벽이나 방문, 혹은 모빌 장식 등으로 활용될 수 있게 만든 인테리어 소품입니다. 풍성한 날개사의 느낌을 연출하려면 뜨는 편물을 뒤집어서 안쪽 면이 겉으로 향하게 활용하면 됩니다.

만드는 법

● 원형 링 만들기
① 사슬 60코를 만든 후, 빼뜨기로 원형으로 연결, 원형뜨기로 뜹니다.
② 도안대로 14단까지 뜬 후 반으로 접어서 빼뜨기로 연결하며 링을 완성합니다. 이때, 솜을 넣어가며 빼뜨기로 연결해주세요.
✽ 뒷면이 겉으로 향하게 접어주면 실의 보송한 느낌이 더 잘 드러납니다.

● 머리 만들기(공작)
① 공작의 머리(기본 틀)를 뜬 후 12코를 이용하여 머리(앞부분)를 제작합니다(원형 모양으로 제작).
② 공작의 머리(기본 틀)→머리(앞부분: 10단까지 뜬 후 솜 넣기, 이후 12단까지 뜨기)→부리(실 컬러 바꾸기), 실 자르고 돗바늘로 마무리합니다.

● 목 만들기(공작)
① 머리-기본 틀의 남은 12코에서 시작합니다. 안쪽부터 실을 걸어 시작합니다.
② 10단까지 뜬 후 편물 방향을 돌려 11단을 뜹니다. → 배 방향으로 편물이 길게 만들어집니다.
③ 실 길게 남기고 자릅니다.
④ 솜을 넣어주세요. 원형 링과 연결 전에 넣어도 됩니다.

● 원형 링과 공작 연결하기
① 원형 링의 빼뜨기로 연결한 부분(안쪽 면)에 공작 몸의 뒷부분이 닿게 위치시키고 돗바늘로 연결합니다.

● 날개 장식 제작
① 도안대로 뜬 후 연결 실을 길게 남기고 자른 후 돗바늘로 몸통에 연결합니다.

● 깃털 만들어 달기
① 도안대로 뜬 후 사슬의 개수를 다르게 하여 3개를 제작, 빼뜨기로 몸통 아래에 연결합니다.
✽ 깃털을 떠서 다는 대신 웰빙샤워세미로 리본으로 묶어서 장식하는 것도 가능합니다.

● 눈, 머리 술 장식하기
① 도안에서 눈 연결하는 위치를 참고해주세요.

● 원형 링 ●

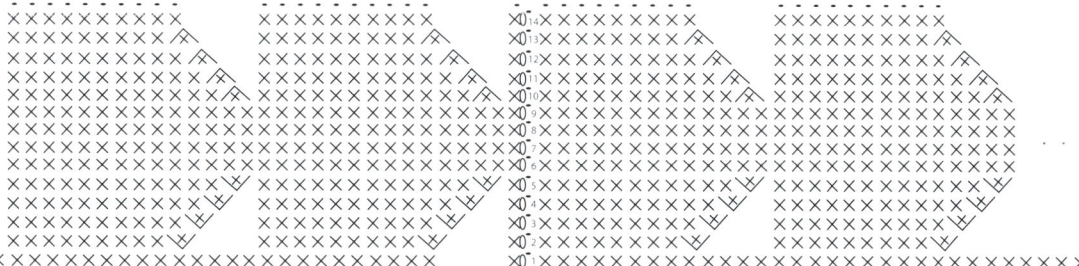

사슬 60코

● 머리 (기본 틀) ●

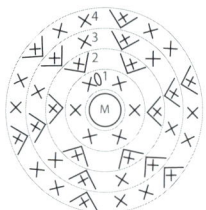

● 머리(앞부분) ●

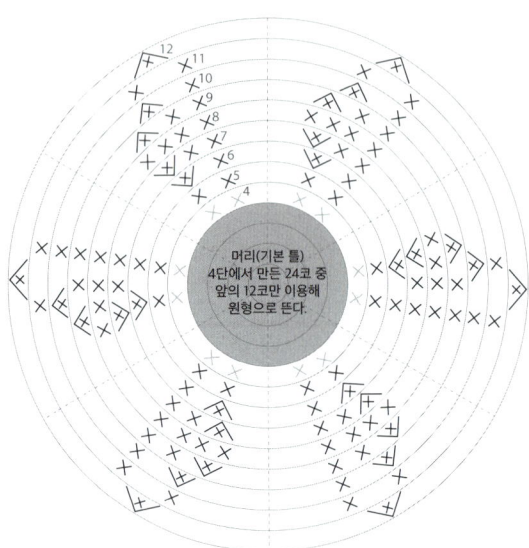

● 부리 ●

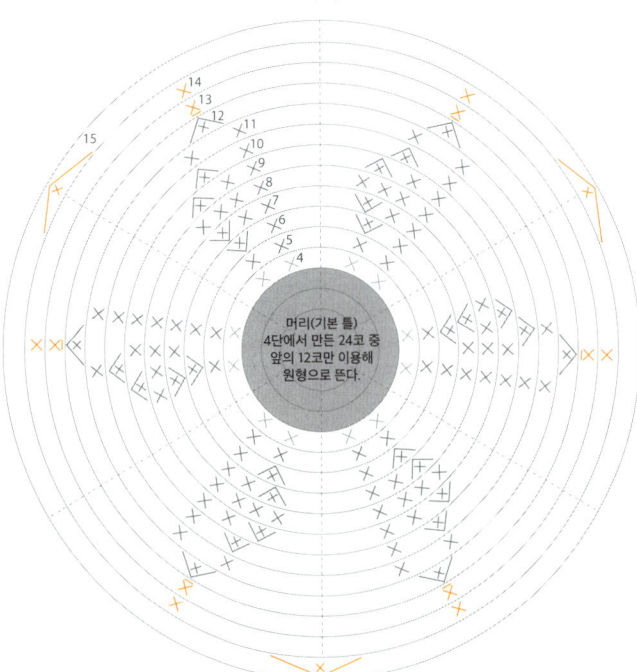

● 장식 ●

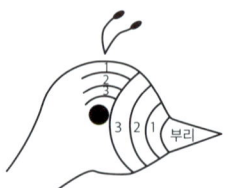

● 목 ●

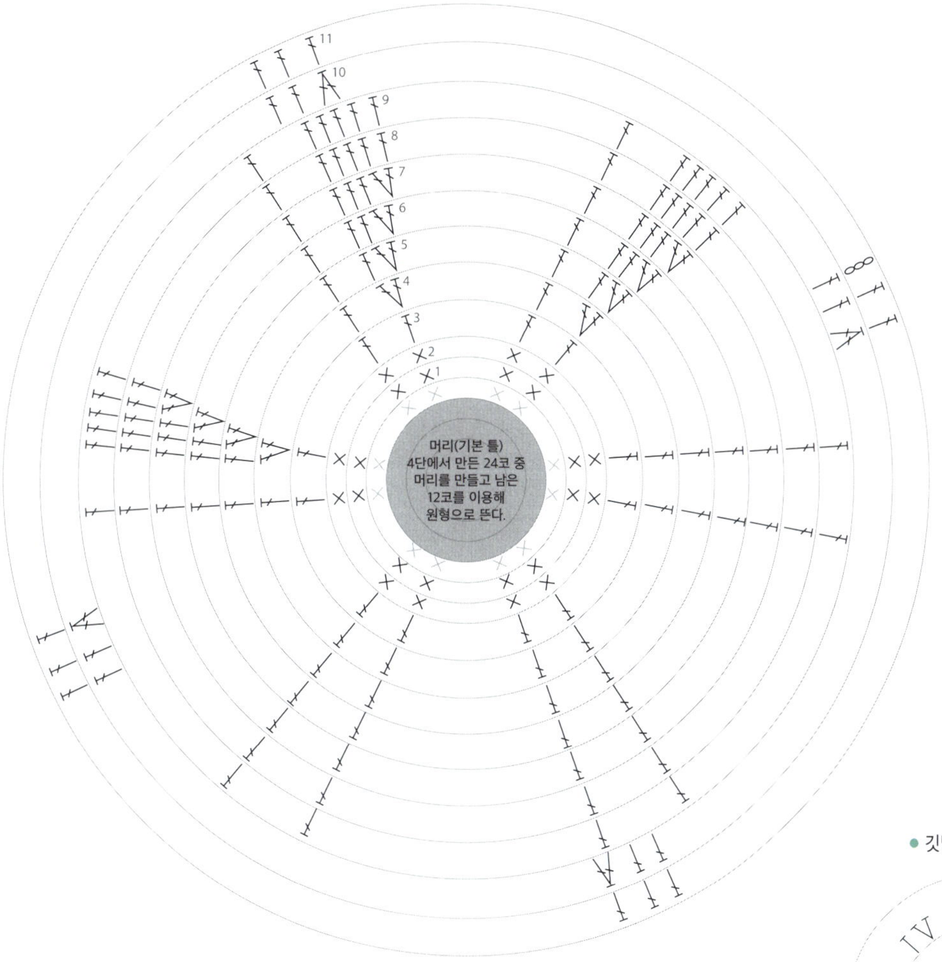

머리(기본 틀)
4단에서 만든 24코 중
머리를 만들고 남은
12코를 이용해
원형으로 뜬다.

사슬10

사슬5　사슬6

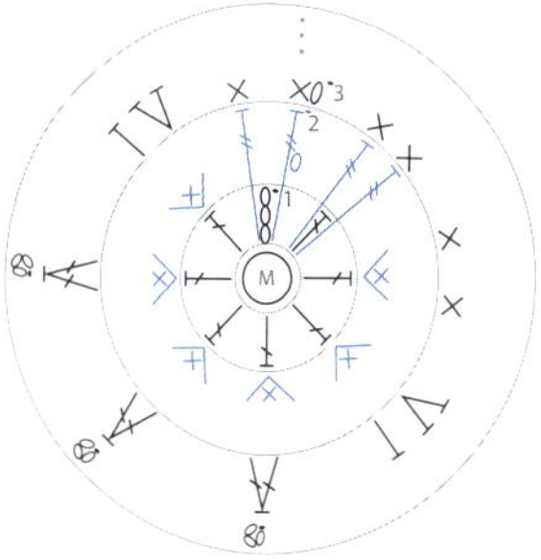

● 깃털 ●

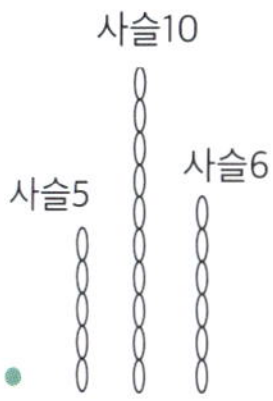

● 날개 장식 ●

시간의 선물: 손뜨개 수세미

1판 1쇄 인쇄 2022년 8월 22일
1판 1쇄 발행 2022년 9월 1일

지은이
기미룡 · 림이그림 · 빛나 · 소냐티 · 지혜로운사자 · 코핸니트

기획 연일섬유
펴낸이 최태선

외부 스태프
디자인 김아름
도안 일러스트 구지혜
사진 여름하스튜디오
스타일링 김진영

펴낸곳 (주)솜씨컴퍼니
브랜드 솜씨
등록 제2015-000025호
주소 14057 경기도 안양시 동안구 벌말로 126, 3012-2
전화 02-3142-4364 **팩스** 02-6442-4364 **이메일** love@somssi.me
SNS Instagram.com/somssico
제작 조광프린팅
용지 표지: 아르떼 U/W 190g 본문: 백색 모조 100g

ISBN 979-11-86745-57-1 13590

*값은 뒤표지에 있습니다.
*잘못된 책은 구입하신 곳에서 교환해드립니다.